Max Beer

Über die Ersitzbarkeit von Erzeugnissen gestohlener Sachen nach römischem Recht

Max Beer

Über die Ersitzbarkeit von Erzeugnissen gestohlener Sachen nach römischem Recht

ISBN/EAN: 9783744604772

Hergestellt in Europa, USA, Kanada, Australien, Japan

Cover: Foto ©Suzi / pixelio.de

Weitere Bücher finden Sie auf **www.hansebooks.com**

Ueber

die

Ersitzbarkeit von Erzeugnissen gestohlener Sachen

nach römischem Recht.

Inaugural-Dissertation

von

Dr. Max Beer,
Referendar.

Leipzig,
Druck der Roßberg'schen Buchdruckerei.
1884.

Seinen theuren Eltern

zur Feier

ihrer silbernen Hochzeit

am 1. November 1884

in Liebe und Dankbarkeit

gewidmet

vom

Verfasser.

Inhalts-Uebersicht.

                                                                    Seite
§ 1. Vorbemerkungen 1
     Erstes Capitel. Kann das Kind einer gestohlenen Sklavin er-
     sessen werden:
§ 2. I.   wenn die Sklavin schwanger gestohlen wurde, oder beim
          Diebe concipirte? 4
§ 3.   Fortsetzung: L. 10 § 2 D. de usurp. et usuc. 41,3. .. 6
     II. wenn das Kind bei einem gutgläubigen dritten Erwerber der
          Sklavin concipirt wurde, und zwar:
§ 4.   1. wenn dieser andauernd, d. h. bis zur vollendeten Er-
             sitzung des Kindes, in gutem Glauben bleibt? .. 18
§ 5.   2. wenn er vor vollendeter Ersitzung desselben schlecht-
             gläubig wird? 23
     Zweites Capitel. Können die „Früchte" einer gestohlenen Sache
     ersessen werden:
§ 6. I.   wenn sie von einem schlechtgläubigen Besitzer percipirt wurden? 33
     II. wenn sie von einem gutgläubigen Besitzer percipirt wurden?
§ 7.   1. Kann von einer Ersitzung von Früchten gutgläubig
             besessener Sachen, bei der Natur des Fruchtrechts des
             redlichen Besitzers, überhaupt die Rede sein? 35
§ 8.   2. Wird ihre Ersitzung vielleicht durch positive Gesetzes-
             stellen für singulärerweise statthaft erklärt? ... 40
§ 9.   3. Giebt es trotz des Fehlens solcher Stellen doch Fälle,
             in welchen eine Ersitzung der bei einem gutgläubigen
             Besitzer der Hauptsache separirten Früchte möglich
             ist; und nach welchen Grundsätzen bestimmt sich die
             Ersitzbarkeit dieser Früchte? 47
§ 10. Drittes Capitel. Welches Princip liegt den verschiedenen Fällen
     der Unersitzbarkeit resp. Ersitzbarkeit von Erzeugnissen gestohlener
     Sachen zu Grunde? 54
Quellen-Verzeichniß 59

§ 1.

Vorbemerkungen.

Schon durch die XII Tafeln und eine lex Atinia (wahrscheinlich aus der zweiten Hälfte des 6. Jahrhunderts b. St.)[1]) sind die res furtivae der Usucapion entzogen worden. Dieses wird uns berichtet durch

Gai. II § 45:

„Sed aliquando etiamsi maxime quis bona fide alienam rem possideat, numquam tamen illi usucapio procedit, velut si qui rem furtivam aut vi possessam possideat; nam furtivam lex XII tabularum usucapi prohibet, vi possessam lex Julia et Plautia."

§ 49 eod. „Quod ergo vulgo dicitur furtivarum rerum (et vi possessarum) usucapionem per legem XII tabularum prohibitam esse, non eo pertinet, ut [ne ipse] fur ... usucapere possit (nam huic alia ratione usucapio non competit, quia scilicet mala fide possidet); sed nec ullus alius, quamquam ab eo bona fide emerit, usucapiendi ius habeat."

Ebenso durch § 2 J. de usuc. 2, 6:

„Furtivae quoque res ... nec si praedicto longo tempore bona fide possessae fuerint, usucapi possunt; nam furtivarum rerum lex duodecim tabularum et lex Atinia inhibet usucapionem."

Von je her war es jedoch zweifelhaft, ob und wie weit auch die Erzeugnisse furtiver Sachen res furtivae und somit unersitzbar

1) Unterholzner, ausführl. Entwicklg. der gesammten Verjährungslehre, § 59 (2. Aufl., bearb. von Schirmer, Leipzig 1858).

sind. Die römischen Juristen selbst waren darüber sehr verschiedener Ansicht. In Folge dessen hat sich denn auch, da die Compilatoren sich in dieser schwierigen Materie nicht ganz zurecht gefunden zu haben scheinen, in das corpus iuris eine Menge von theils scheinbaren, theils wirklichen Widersprüchen eingeschlichen, deren möglichste Beseitigung zahlreiche ältere und neuere Schriftsteller erstrebt haben. Einer erneuten Prüfung des einschlagenden Quellenmaterials und der Literatur sollen die nachfolgenden Blätter gewidmet sein.

Einige Bemerkungen mögen vorausgeschickt werden.

I. Die Frage, ob und wie weit die Erzeugnisse furtiver Sachen ersitzbar sind, besteht eigentlich nur für die ordentliche Ersitzung. Denn für die von Justinian eingeführte außerordentliche Ersitzung[1]) beantwortet sie sich fast von selbst. Da nämlich, wenigstens nach der richtigen und herrschenden Ansicht,[2]) alle Sachen, ohne Rücksicht auf ihre sonstige Usucapionsfähigkeit, in 30 resp. 40 Jahren ersitzbar sind, so unterliegen nach römischem Recht unzweifelhaft auch alle Erzeugnisse gestohlener Sachen dieser außerordentlichen Ersitzung.

Streitig ist allerdings, ob das Gleiche auch für das heutige gemeine Recht gilt. Der Art. 209 der PGO. bestimmt nämlich: „Und kan an solcher gestolner oder geraubter habe durch eynich lenge der zeit seyn geweer ersessen werden." Man hat geglaubt, daß durch diese Bestimmung alle res furtivae selbst von der außerordentlichen Ersitzung ausgeschlossen sind. Die richtige Ansicht ist aber wohl die, daß solches nur hinsichtlich der „gestohlenen" Sachen („gestohlen" in dem engeren Sinne der PGO.) der Fall ist.[3]) Demnach können also nach heutigem gemeinen Recht solche „gestohlene" Sachen allerdings nie ersessen werden. Wohl aber unterliegen andere res furtivae — also auch die Erzeugnisse furtiver Sachen, mit Ausnahme derjenigen, an welchen ein besonderer „Diebstahl" (im engeren modernen Sinne) verübt worden ist — auch heut zu Tage der außerordentlichen Ersitzung, wofern eine solche bei Früchten, wegen der Länge der erforderlichen Zeit, überhaupt praktisch werden kann.

Sonst ist zur außerordentlichen Ersitzung hier nichts zu be-

---

1) L. 8 § 1 C. de praescr. XXX 7, 39.
2) Vgl. Windscheid, Lehrb. des Pandektenrechts, 5. Aufl., Bd. I § 183.
3) Vgl. Puchta, Pand., § 159e; Schirmer, zu Unterholzner, Verjährungslehre, Bd. I § 60 a. E.

merken. Wir können daher des Weiteren von ihr ganz absehen und uns von nun an ausschließlich mit der ordentlichen Ersitzung der Erzeugnisse gestohlener Sachen beschäftigen.

II. Die Frage, was „gestohlene Sachen" sind, beantwortet sich aus dem Begriff des Diebstahls. Da wir hier nun aber von der Ersitzung der Erzeugnisse gestohlener Sachen handeln, so wird zweifellos nicht der moderne Diebstahls-Begriff, sondern der des römischen furtum, und zwar des furtum rei, zu Grunde zu legen sein, welcher bekanntlich einerseits zwar eingeschränkter ist, als jener, nämlich durch das Erforderniß des animus lucri faciendi, andererseits aber bei Weitem umfangreicher, indem er insbesondere auch alle Nüancen der „Unterschlagung" mit umfaßt. So oft wir daher die Worte „Diebstahl", „gestohlen", „entwendet" gebrauchen werden, bitten wir, dieselben stets im Sinne von furtum, resp. furtiv, zu nehmen.

III. Unter den Erzeugnissen haben die römischen Juristen bekanntlich zwischen partus ancillarum und fructus im Allgemeinen streng geschieden.[1]) Gerade in Bezug auf die Ersitzbarkeit besteht nun zwar, wie wir sehen werden (§ 9 Nr. III), zwischen beiden, wenigstens principiell, kein Unterschied. Allein die wichtige Frage nach dem Einfluß des Fruchtrechts des redlichen Besitzers auf die Ersitzbarkeit (die Frage nämlich, ob und wie weit bei der Natur dieses Fruchtrechts von einer Ersitzung von Früchten überhaupt die Rede sein kann, und ob, soweit dieses der Fall ist, das Fruchtrecht nicht doch von Einfluß auf ihre Ersitzbarkeit ist, worüber im § 7 fg.) besteht doch nur für die „Früchte" (fructus). Aus formellen Gründen wollen wir daher die Ersitzbarkeit von Sklavenkindern und die von „Früchten" zunächst ganz getrennt untersuchen.

Wir werden also, ganz an der Hand der Quellen, zuvörderst (im ersten Capitel) die Frage erörtern, ob und wann das Kind einer gestohlenen Sklavin ersitzbar ist, wobei die Fälle zu unterscheiden sein werden: einerseits, daß die Sklavin schon zur Zeit der Verübung des Diebstahls schwanger ging, oder doch beim Dieb geschwängert wurde, und andererseits, daß sie erst bei einem gutgläubigen dritten

---
[1]) Ueber die Gründe der Nichtzurechnung des partus ancillae zu den fructus vergl. L. 28 § 1 D. de usur. 22,1, L. 68 pr. D. de usufr. 7,1 und besonders L. 27 D. de hered. pet. 5,3.

Erwerber geschwängert wurde; und im letzteren Falle wiederum werden wir unterscheiden müssen, einmal, daß der gutgläubige Erwerber (und sein Nachfolger im Besitz) bis zur vollendeten Ersitzung des Kindes in gutem Glauben bleibt, und sodann, daß er vorher von der Furtivität der Mutter erfährt.

Demnächst (im zweiten Capitel) werden wir auf Grund der Quellen die weitere Frage zu beantworten suchen, ob die „Früchte" gestohlener Sachen ersitzbar sind, und zwar sowohl dann, wenn ein schlechtgläubiger, als auch dann, wenn ein gutgläubiger Besitzer der Sache sie percipirt — in welch letzterem Falle es sich fragen wird, ob denn von einer Ersitzung bona fide percipirter Früchte überhaupt noch die Rede sein könne.

Schließlich (im dritten Capitel) werden wir bemüht sein, das den verschiedenen Fällen der Unersitzbarkeit resp. Ersitzbarkeit von Erzeugnissen gestohlener Sachen zu Grunde liegende Princip aufzufinden.

Erstes Capitel.

Kann das Kind einer gestohlenen Sklavin ersessen werden:

§ 2.

I. wenn die Sklavin schwanger gestohlen wurde oder beim Diebe concipirte?

Wenn eine Sklavin sammt ihrem bereits geborenen Kinde gestohlen wird, so ist natürlich das Kind unersitzbar, weil an ihm ein furtum verübt worden ist. Ebenso unzweifelhaft ist es, daß auch das beim fur geborene Kind nicht ersessen werden kann: von Seiten des fur selbst, oder des Hehlers (welcher ja gleichfalls fur ist), schon darum nicht, weil es diesen an der erforderlichen bona fides fehlt; ebensowenig von Seiten des, wenngleich gutgläubigen,

Erben des fur, weil der Erbe vitiorum defuncti successor est;[1]) aber auch nicht von Seiten eines gutgläubigen Singular-Successor des fur, weil der Letztere jedenfalls durch die Veräußerung des bei ihm geborenen Kindes ein besonderes furtum an demselben begeht[2]) und es dadurch der ordentlichen Ersitzung entzieht.[3])

Fraglich kann nur sein, ob dasjenige Sklavenkind, welches zu der Zeit, als die Mutter von dem fur besessen wurde, sich zwar schon im Mutterleibe befand (indem es entweder schon vor dem furtum, oder beim fur concipirt worden ist), welches aber erst **bei einem gutgläubigen Besitzer der Sklavin geboren wurde, gleichfalls unersitzbar ist.**

Im bejahenden Sinne wird diese Frage beantwortet durch die L. 48 § 5 D. de furtis 47,2 (Ulpianus lib. quadrag. sec. ad Sabin.): „Ancilla si subripiatur praegnas vel apud furem concepit, partus furtivus est, sive apud furem edatur, sive apud bonae fidei possessorem: (sed in hoc posteriori casu furti actio cessat)."

Danach also ist das **Kind einer in schwangerem Zustande entwendeten oder beim Entwender geschwängerten Sklavin unter allen Umständen**, also auch wenn die Geburt beim bonae fidei possessor stattfindet, eine res furtiva und demgemäß für Jedermann der ordentlichen Ersitzung entzogen,[4]) nach den allgemeinen Grundsätzen der Ersitzung, bis also durch Rück-

---

1) L. 11 § 2 D. de publ. act. 6,2. L. 4 § 15 D. de usurp. et usuc. 41,3.
2) Vgl. unten S. 34 Anm. 1.
3) Zum Ueberfluß wird die Unersitzbarkeit des beim Dieb geborenen Sklavenkindes ausgesprochen in der L. 12 C. de furt. 6,2: „Ancillae subtractae partus apud furem editi, priusquam a domino possideantur, usucapi nequeunt."
4) Derselbe Gedanke wird ausgesprochen in L. 26 D. de statu hominum 1,5 (Julianus): „.... praeterea si ancilla praegnas subrepta fuerit, quamvis apud bonae fidei emptorem pepererit, id quod natum erit tamquam furtivam usu non capitur," und angedeutet in L. 3 C. de usuc. pro empt. 7,26 (Imp. Alexander): „Si matrem eius, cuius nomine quaestionem pati dicis, bona fide emptam possidere coepisti, etiamsi ipsa in causam furtivam incidit, tamen **postea conceptum apud te partum usucapere potuisti**" (woraus also gefolgert werden kann, daß der **vor** dem bona fide-Erwerb concipirte partus **nicht** usucapirt werden kann).

fehr des Kindes in die Gewalt des Eigenthümers das vitium purgirt wird.

Eine abweichende, aber vereinzelt dastehende Auffassung der L. 48 § 5 cit. findet sich bei Altamiranus.[1]) Dieser Jurist bezieht nämlich die Worte „sive apud b. f. possessorem" nur auf den Fall, si ancilla subripiatur praegnas, nicht auch auf den Fall, si apud furem concepit. Danach würde also Ulpian unterscheiden:

1) ancilla si subripiatur praegnas, partus furtivus est sive apud furem edatur, sive apud b. f. possessorem,

2) ancilla si apud furem concepit, partus furtivus est, si apud furem edatur (nicht auch, si apud b. f. possessorem edatur).

Eine solche beliebige Beziehung der Satztheile ist aber grammatisch unzulässig, und auch sachlich nicht gerechtfertigt; denn wenn Altamiranus die Entscheidung des ersten Falles (daß der partus einer schwanger gestohlenen Sklavin in allen Fällen furtiv sei) dadurch zu begründen sucht, daß der partus odio furum fingitur esse in rerum natura, so ist nicht einzusehen, weshalb nicht dieselbe Fiction odio furum auch im zweiten Fall (wenn nämlich die Sklavin beim Dieb concipirte) Platz greifen soll. Darum ist die Auffassung des Altamiranus zu verwerfen.

§ 3.

Fortsetzung: L. 10 § 2 D. de usurp. et usuc. 41,3.

Schwierigkeiten bereitet nun aber die Vereinigung der L. 48 § 5 cit. mit der gleichfalls von Ulpian herrührenden

L. 10 § 2 D. de usurp. et usuc. (Ulpianus lib. sexto decimo ad edict.):

„Scaevola libro undecimo quaestionum scribit Marcellum existimasse, si bos apud furem concepit vel apud furis heredem, pariatque apud furis heredem, usucapi ab herede distractum iuvencum non posse: sic, inquit, quem-

---

[1] Altamiranus, ad lib. XI. quaest. Scaevolae tract. XI. § 9, in Meerman's thesaur. tom. II. p. 509 (1721). Ihm stimmt zu van der Kessel, dissert. de usuc. partus et foetus rei furt., cap. II § IX, in Oelrichs' thesaur. dissert., vol. I. tom. II. p. 209 (Lipsiae 1769).

admodum nec ancillae partus. Scaevola autem scribit se putare usucapere posse (scil. emptorem) et partum. nec enim esse partum rei furtivae partem. ceterum si esset pars, nec si apud bonae fidei emptorem peperisset, usucapi poterat."

I. Verglichen mit jener von Ulpian in der L. 48 § 5 cit. ausgesprochenen Meinung ist die hier vorgetragene des Marcellus eine strengere.

Ulpian nämlich erklärt in der L. 48 § 5 nur den beim Dieb (oder schon vor dem Diebstahl) concipirten partus für furtiv, dahingegen den bei einem b. f. possessor der ancilla concipirten und geborenen für ersitzbar; denn er fährt fort:

„sed si (ancilla) concepit apud bonae fidei possessorem ibique pepererit, eveniet, ut partus furtivus non sit, verum etiam usucapi possit."

Marcellus dagegen behauptet hier, daß nicht bloß der beim Diebe selbst concipirte, sondern auch der beim Erben (und zwar auch der beim gutgläubigen Erben) des Diebes concipirte und geborene partus einer ancilla furtiva [1]) sogar von Seiten eines gutgläubigen dritten Erwerbers desselben [2]) nicht ersessen werden kann. [3])

II. Nicht so leicht ist es, auch die Ansicht des Scävola und ihr Verhältniß zu der des Ulpian zu präcisiren. Wenn man sich an

1) Wir erinnern daran, daß hier zunächst immer nur vom partus ancillae die Rede sein wird, und die Thierjungen erst nachher (im § 6 flg.) berücksichtigt werden sollen. Daher interessirt uns hier auch nur, was in der L. 10 § 2 vom partus ancillae gesagt wird.

2) Der Erbe des Diebes kann selbst freilich den partus der vom Erblasser gestohlenen Sklavin in keinem Falle ersitzen — also auch dann nicht, wenn er anbauernd in bona fide ist, und Conception und Geburt des partus bei ihm stattfinden; denn die mala fides des Erblassers schadet auch ihm. Ausdrücklich erwähnt findet sich dieser Satz in der L. 4 § 15 D de usurp. 41,3 (Paulus): „Heres, qui in ius defuncti succedit, licet apud eum ignorantem ancillam furtivam esse conceperit ea et pepererit, non tamen usucapiet." Vgl. unten Seite 20 Nr 1.

3) Daß Marcellus, wenn er von dem „Erben des Diebes" schlechthin spricht, nicht bloß an den schlechtgläubigen Erben gedacht haben kann, geht schon daraus hervor, daß allerdings der schlechtgläubige Erbe, wenn der partus bei ihm concipirt und geboren und dann von ihm veräußert wird, selbst:

den Wortlaut unserer L. 10 § 2 hält, so sollte man meinen, daß Scävola's Worte „se putare emptorem partum usucapere posse" den vorhergehenden Worten des Marcellus „usucapi ab herede distractum iuvencum non posse" direct widersprechen, daß also in genau den Fällen, in welchen Marcellus die Ersitzbarkeit des partus leugnet, Scävola dieselbe behauptet, daß demnach Scävola auch den apud furem concipirten partus im Gegensatz zu Ulpian für ersitzbar hält. Und in der That wird dieses auch von einigen Interpreten als die Meinung des Scävola angenommen.[1])

Allein dann würde nicht nur Scävola von der sonst recipirten, besonders von Ulpian und Julian (s. oben S. 5 A. 4) vertretenen Lehre abweichen, was schwerlich zu glauben ist,[2]) sondern vor Allem würde dann der ihn citirende Ulpian mit sich selbst in Widerspruch gerathen.[3])

Um nun Ulpian gegen diesen Vorwurf zu schützen, und zugleich den behaupteten Widerspruch der beiden Stellen auf leichte Weise zu heben, haben einige Schriftsteller angenommen, daß Ulpian Scävola's Ansicht nur referire, nicht billige.[4])

redend — mindestens durch die Veräußerung (siehe S. 34 A. 1) — an dem partus ein furtum begeht und ihn dadurch unersitzbar macht; Marcellus würde also nur etwas Selbstverständliches gesagt haben, was in gleicher Weise auch von jedem schlechtgläubigen Singular = Successor des Diebes gilt. Ferner aber würde, wenn Marcellus unter heres hier nicht auch den gutgläubigen Erben verstände, zwischen ihm und Scävola — wenigstens so wie wir mit Anderen diesen glauben verstehen zu müssen — in Wirklichkeit gar keine Meinungsverschiedenheit obwalten, ihr Streit vielmehr nur ein Wortstreit sein, entstanden aus unrichtiger Auffassung der Worte „furis heres" von Seiten des Scävola. Vgl. Niegisch, diss. de usucapione rerum furtivarum, p. 53 (Berol. 1865).
1) Altamiranus, l. c., Branchu, observationes, c. 19 p. 192 sq. (Lugd. Bat. 1721), Janke, Fruchtrecht des redl. Besitzers, S. 56, 57 (Erl. 1862). Vgl. Schirmer, Grundidee der Usucapion, § 4 Anm. 79 S. 180 (Berl. 1855). — Auch Windscheid scheint den Scävola so zu verstehen und demnach eine Meinungsverschiedenheit zwischen Scävola und Ulpian vorauszusetzen, wenn er sagt (Pand., § 182 A. 6): „man muß annehmen, Ulpian eigne sich nur den Grund des Scävola an, nicht aber die von demselben daraus gezogene Consequenz."
2) Schirmer, Usucapion, S. 131 A. 79.
3) Göppert, über die organischen Erzeugnisse, S. 211 (Halle 1869).
4) So insbesondere Cuiacius, observ., l. XV. c. XX.: „refertur haec Scaevolae sententia, non etiam probatur ab Ulpiano", und Windscheid, l. c.

Wir können diese Lösung nicht acceptiren, weil dann die L. 10 § 2 cit. ganz zwecklos in das corpus iuris aufgenommen wäre; denn der Satz: „partum non esse partem rei furtivae", welcher dann allein als halbwegs brauchbarer übrig bliebe, findet sich, als Excerpt aus jener Stelle, noch an anderem Orte, nämlich in der L. 26 D. de V. S. 50, 16.

Bei folgender Auffassung der Worte Scävola's lassen sich aber, wie uns scheint, die beiden Stellen ganz gut mit einander vereinigen.

Man muß nämlich annehmen, daß Scävola's Worte „se putare usucapere posse (emptorem) et partum" nur bedeuten: ein bei einem Erben des Diebes der Sklavin geborener partus derselben sei von Seiten eines gutgläubigen dritten Erwerbers unter Umständen sehr wohl ersitzbar;[1]) der ganz allgemein aufgestellte Satz des Marcellus, wonach jeder beim Erben des Diebes geborene partus ancillae furtivae unersitzbar sein soll, gehe zu weit.

Der Satz des Marcellus — so etwa deducirt Scävola — ließe sich doch nur begreifen, wenn man als Princip hinstellen wollte: partum esse partem rei furtivae, d. h. der partus sei auch nach der Geburt nichts weiter, als ein Stück der Mutter, behaftet, wie jedes Stück einer anderen Sache, mit allen rechtlichen Eigenschaften, also auch Fehlern, derselben. Dieses Princip aber sei unrichtig, und sei gewiß auch gar nicht dasjenige des Marcellus; denn sonst müßte dieser ja auch jeden beim bonae fidei emptor (concipirten und) geborenen partus ancillae furtivae für unersitzbar halten, was doch schwerlich seine Meinung sein werde.[2]) Folglich sei sein Satz, wenigstens in solcher Allgemeinheit, absurd.

---

1) Diese Auffassung der Worte des Scävola findet sich schon bei Donellus, comment. de iure civ., l. V. c. XXV. § 2, indem es dort heißt: „Non enim significatur his verbis (Scaevolae), partum semper posse usucapi: sed in ea causa esse, ut possit aliquando usucapi." — Siehe auch Dernburg, Pfandrecht, § 58 A. 16: „Nur dagegen erhebt sich Scävola, daß die Geburt beim gutgläubigen Erben an und für sich den partus furtiv mache."

2) Daß der Satz: „partum esse partem rei furtivae" nicht Princip des Marcellus ist, nehmen auch an Altamiranus, l. c. § 6 p. 506, und Schirmer, Usucapion, S. 131 A. 79. — Darüber, wie Marcellus zu der Behauptung, daß jeder beim Erben des Diebes geborene partus schlechthin unersitzbar sei, gelangt sein mag, vgl. Göppert, l. c., S. 241; van der Kessel, dissert. cit., c. II

Welches nun jene „Umstände" sind, unter denen Scävola die Ersitzung des beim Erben des Diebes geborenen partus ancillae furtivae gestatten, wie weit er also den zu allgemeinen Satz des Marcellus eingeschränkt wissen will, darüber freilich spricht er sich nicht aus; sein Widerspruch gegen Marcellus bezweckte eben nicht, nun seine eigene Meinung über die Ersitzbarkeit des partus auszusprechen, sondern die Blöße der Marcellischen Behauptung bot ihm nur eine geeignete Veranlassung, um die wichtige, präjudicirliche Frage nach dem Verhältniß des partus zur Mutter in schlagender und geistreicher Weise zu beantworten.[1])

Soviel werden wir aber als feststehend annehmen können — denn dieses ist die denkbar gelindeste Einschränkung — daß Scävola den bei einem fortdauernd gutgläubigen Erben concipirten und geborenen partus für ersitzbar hat erklären wollen. Soweit würde Scävola mit Ulpian (L. 48 § 5 cit.) vollkommen übereinstimmen.

Wir müssen aber noch weiter gehen. Wenn nämlich der Erbe, bei welchem der partus concipirt und geboren ist, vor der Veräußerung desselben von dem furtum erfährt (gleichgültig, ob erst nach oder schon vor der Geburt), oder wenn er gar schon zur Zeit der Conception davon wußte: dann begeht er durch die Veräußerung des partus doch ein furtum an demselben und macht ihn daher zu einem unersitzbaren.[2]) Diese Einschränkung muß Scävola also ebenfalls im Sinne gehabt haben.

---

§ XIV p. 219; Dernburg, Pfandr., § 58 A. 16. Vermuthlich hat Marcellus sich nicht klar gemacht, daß aus dem Satze „heres est vitiorum defuncti successor" immer nur ein subjectives, nicht auch ein objectives Usucapionshinderniß gefolgert werden darf.

1) Janke (Fruchtrecht, S. 56, 57) — welcher eben den Scävola so versteht, als wolle dieser Jurist sogar die Ersitzung des beim Diebe concipirten partus zulassen — meint, Ulpian „führe die durch ein elegantes Wortspiel pikante Meinung des Scävola nur als eine Kuriosität an." Allein als eine bloße „Kuriosität" wird Scävola's Satz schwerlich aufgefaßt worden sein; giebt doch Janke selbst zu, „daß das Wortspiel in der damaligen Juristenwelt sprüchwörtlich geworden sei;" cf. L. 26 D. de V. S. 50,16 (Ulpianus): „Partam non esse partem rei furtivae Scaevola libro undecimo quaestionum scribit."

2) Nicht das Gleiche gilt von einem (gutgläubigen) Singular-Successor des Diebes. Denn derselbe beginnt in der That, im Gegensatz zum Erben des Diebes, die Ersitzung des bei ihm concipirten und geborenen partus sogleich mit der Geburt desselben. Und da nun, wie wir sehen werden (S. 80—82), die

Zweifelhaft kann nur sein, ob Scävola ben bei einem fortdauernd gutgläubigen Erben zwar geborenen, aber doch schon beim Dieb concipirten partus für ersitzbar gehalten hat; das läßt sich aus seinen Worten nicht sicher erkennen. Allein das hat für uns auch kein besonderes Interesse; denn für uns sind nicht die eigenen Gedanken des Scävola maßgebend, sondern nur die Auffassung derselben durch den ihn citirenden Ulpian. Dieser aber äußert kein Bedenken gegen Scävola's Satz, und scheint ihm also zuzustimmen. Da nun Ulpian's eigene Meinung sich in L. 48 § 5 cit. klar ausgesprochen findet, so müssen wir, wenn wir nicht Ulpian mit sich selbst in Widerspruch gerathen lassen wollen, annehmen, daß nach seiner Auffassung Scävola ganz so über die Furtivität des partus dachte, wie er (Ulpian) selbst, daß also auch Scävola den beim Dieb concipirten partus nicht für ersitzbar hielt. Gesetzt aber auch, daß aus der Nichtäußerung eines Bedenkens noch nicht Zustimmung gefolgert werden darf, so ist Ulpian's Ansicht doch jedenfalls die recipirte (vgl. oben S. 5 A. 4); sie haben wir daher der Interpretation einer, zumal so allgemein gefaßten Stelle, wie die L. 10 § 2, zu Grunde zu legen.

III. Von Ulpian's Standpunkt — welchen wir übrigens in der That für ganz denselben halten, wie den des Scävola[1]) — haben wir auch den Satz „partum non esse partem rei furtivae" aufzufassen, welchen Satz richtig zu verstehen, nicht nur im Allgemeinen von Interesse, sondern namentlich auch für die Auffindung des Princips, welches den verschiedenen Fällen der Ersitzbarkeit von Erzeugnissen furtiver Sachen zu Grunde liegt (s. darüber unten § 10), von Wichtigkeit ist.

Der Satz läßt nämlich vier Auffassungen zu:
1. Der partus vor der Geburt sei kein Theil der Mutter.

---

erst nach begonnener Usucapion eintretende mala fides nach römischem Recht nichts schadet, der Besitzer vielmehr den partus trotzdem zu ersitzen vermag, so kann jener Singular-Successor unmöglich dadurch das Delict des furtum begehen, daß er, schlechtgläubig geworden, den partus (vor vollendeter Ersitzung) veräußert. Der gutgläubige dritte Erwerber des partus kann diesen also ruhig ersitzen.

1) So auch Schirmer, Usucapion, S. 131 A. 79, und Huschke, im Archiv f. civ. Prax., Bd. 63 S. 460.

Das aber kann nicht der Sinn des Satzes sein. Denn vom Embryo wird an anderer Stelle bemerkt, und zwar auch gerade von Ulpian, „.... partus antequam edatur, mulieris portio est vel viscerum." [1]

An den mit der Hauptsache noch verbundenen organischen Erzeugnissen als besonderen Sachen, ja ist überhaupt nach römischem Recht — im Gegensatz zum älteren deutschen und den meisten Partikularrechten — kein Rechtsverhältniß möglich. [2]

2. Der Satz wird aber auch nicht bloß bedeuten können: der partus nach der Geburt dürfe nicht „noch jetzt wie eine gegenwärtige pars matris angesehen werden." [3] Denn Niemandem wird es einfallen können, den geborenen partus noch als einen gegenwärtigen Theil der Mutter anzusehen. Und um nur zu erklären, daß der beim fur concipirte partus einer furtiven Mutter furtiv ist, ist die Fiction, daß er nach der Geburt noch wirklicher Theil der Mutter sei, unnöthig.

3. Noch weniger können wir uns mit der Auffassung unseres Satzes befreunden, daß der partus (wie überhaupt jedes von der Muttersache getrennte organische Erzeugniß) nicht identisch ist mit dem gewesenen Substanztheil, daß er also mit dem Augenblick der Geburt sozusagen mit seiner Vergangenheit vollständig bricht, und somit zu einer Sache wird, „welche als die Sache, die sie jetzt ist, noch gar nicht vorhanden gewesen ist." [4]

---

1) L. 1 § 1 D. de inspic. ventre 25,4.
2) Windscheid, Pand., § 144 a. A.
3) Diesen etwas trivialen Gedanken, daß der geborene partus keine wirkliche pars der Mutter mehr sei, stellt Göppert (organische Erzeugnisse, S. 211) als Sinn unseres Satzes hin. Vgl. darüber Windscheid, Pand., § 144 A. 4.
4) Windscheid, Pand., 2. Aufl. § 186 A. 2, vgl. 5. Aufl. § 144 A. 2 und 4; Köppen, Fruchterw. des b. f. possessor, S. 3 und 81; u. A. m. — Köppen (S. 81) deutet übrigens unseren Satz und die L. 10 § 2 überhaupt — wie wir hier einschalten wollen — in ganz eigenthümlicher Weise. Jedesmal nämlich, wo in der Stelle von partus schlechthin die Rede ist, versteht Köppen darunter nicht den partus ancillae, noch auch diesen und den partus bovis, sondern nur den partus bovis, den iuvencus, und nur unter partus ancillae das Sklavenkind. Demgemäß bezieht er den Satz; „nec enim esse partum rei furtivae partem" — wie wir bestimmt glauben, mit Unrecht — nur auf das Thierjunge, und deducirt daher etwa so: der partus, d. h. das Thier-

Wenn dieser letzte Satz nur die harmlose Behauptung enthielte, daß das Erzeugniß insofern eine neue Sache (b. h. eine Sache, die als solche noch nicht existirt hat) ist, als es, im Gegensatz zu dem früheren Zustande des Zusammenhanges mit der Muttersache, jetzt eine von dieser getrennte Sache ist: so wäre der Satz unbestreitbar richtig, und es wäre in ihm keine Verschiedenheit zwischen Erzeugnissen und sonstigen Sachen (z. B. dem abgebrochenen Arm einer Marmorstatue) behauptet.

Offenbar ist aber mit jenem Satze noch ein Weiteres gemeint. Es soll damit nämlich die Streitfrage beantwortet werden, ob das getrennte Erzeugniß als eine neu entstandene, oder ob es als eine „mit dem gewesenen Substanztheil identische" [1]) Sache anzusehen ist, und zwar dahin, daß dasselbe als eine ganz neue Sache, b. h. als eine solche aufzufassen ist, welche mit dem ungetrennten gar nichts gemein, also gar keine Vergangenheit hat: eine Auffassung, welche u. E. darum keine Billigung verdient, weil sie, wie wir sogleich sehen werden, der natürlichen Anschauung widerstreitet, also aus der Natur der Sache sich nicht ableiten läßt, und andererseits auch in den Quellen keine hinlängliche Stütze findet.

---

junge, ist eine Sache, die als das, was sie jetzt ist, überhaupt noch nicht existirt hat; folglich kann das beim Diebe oder seinem Erben concipirte Thierjunge von dem gutgläubigen Singular-Successor des Erben sehr wohl ersessen werden. Dahingegen der partus ancillae ist ein Theil der gestohlenen Sache; folglich wird das beim Diebe oder seinem Erben concipirte Sklavenkind als portio mulieris von dem vitium furti ergriffen und bleibt auch nach der Geburt mit demselben behaftet. Um nun zu zeigen, daß in der L. 10 § 2 mit „partus" nicht, wie das Köppen annimmt, das Thierjunge gemeint sei, sondern vielmehr zunächst das Sklavenkind, dazu bedarf es nur der Wiedergabe ihres Wortlautes: „... Marcellum existimasse .... usucapi iuvencum non posse: sic, quemadmodum nec ancillae partus. Scaevola autem scribit ... se putare usucapere posse emptorem et partum: nec enim esse partum rei furtivae partem." Wenn der Jurist mit „partus" wirklich nur das Thierjunge gemeint hätte, dann würde er doch, um jede Zweideutigkeit zu vermeiden, statt „partus", womit er soeben erst das Sklavenkind bezeichnete, sicherlich eher „fetus" gebraucht oder „iuvencus" wiederholt haben, zumal da „partus" nichts weniger als die regelmäßige Bezeichnung für „Thierjunge" ist. (In diesem Sinne kommt es in den Quellen überhaupt nur einmal vor, in der L. 25 § 20 D. 5,3, und auch dort steht pecorum dabei, cf. Dirksen, Manuale, s. v. fetus.)

[1]) Eck, in v. Holtzendorff's Rechtslex. s. v. Frucht, 3. Aufl. Bd. I. S. 919.

Wie stellt sich denn der Unbefangene, der Laie, das Verhältniß der getrennten Frucht zur ungetrennten vor? Hält er wirklich z. B. den soeben gepflückten Apfel für eine ganz andere Sache, als den kurz zuvor noch hängenden? Nimmt auch er eine vollständige Metamorphose an? Oder ist nicht vielmehr in seiner Anschauung der gepflückte Apfel, abgesehen davon, daß er nun ein gepflückter ist, ganz derselbe, wie der hängende?

Vergleichen wir einmal den gepflückten Apfel mit dem abgebrochenen Arm der Statue. Wir können zwischen beiden, was den Umstand der Trennung anlangt, factisch (d. h. von der wirthschaftlichen Bedeutung des Trennungsactes abgesehen) einen wesentlichen Unterschied nicht erblicken. Der Arm war mit der Statue einst ebenso fest und fester verbunden, als der Apfel mit dem Baume. Jetzt, wo er abgebrochen ist, unterscheidet er sich von seinem früheren Zustande bloß dadurch, daß er eben von der Hauptsache getrennt ist; im Uebrigen aber ist er doch derselbe Arm, wie zuvor; keine einzige Veränderung ist sonst an ihm vorgegangen. Ebenso ist der Apfel, nachdem er gepflückt ist, an sich derselbe, wie zuvor.

Und ganz das Nämliche gilt auch von der Leibesfrucht. Der partus nach der Geburt ist dasselbe lebende Wesen, wie vorher, nur daß er jetzt unter veränderten Bedingungen lebt. Das erst nach der Geburt beginnende Athmen — falls man darauf Gewicht legt — scheint uns für die Frage, ob der partus dasselbe Wesen wie vorher sei, bedeutungslos. Denn das Athmen ist nur der Beginn eines veränderten, dem neuen Medium, in welchem das Kind nun leben muß, entsprechenden Lebens, aber nicht der Beginn seines Lebens überhaupt: pulsirt doch das Herz schon vorher und pulsirt ohne Unterbrechung fort; das Athmen ist aber auch nicht etwa der Beginn eines ganz neuen Lebens, sondern eben nur eines veränderten.

So wird die natürliche, d. h. die durch rechtliche und wirthschaftliche Erwägungen nicht beirrte, Auffassung von dem Einfluß des Actes der Trennung von der Muttersache sein.

Denkbar wäre nun wohl, daß die römischen Juristen, bewogen durch die große wirthschaftliche Bedeutung des Trennungsactes, eine von jener natürlichen verschiedene rechtliche Auffassung desselben statuirt, daß sie in der That demselben etwa die Wirkung zugemessen haben, daß das Erzeugniß seit dem Augenblick der Trennung als ganz neue, noch gar nicht dagewesene (weil „mit dem gewesenen Substanztheil nicht identische") Sache anzusehen sei. Dafür aber fehlt es an hinreichenden Beweisen.¹) Im Gegentheil spricht — um anderer Indicien hier nicht zu gedenken — gerade die Furtivitätslehre gegen eine solche Annahme. Denn wenn die römischen Juristen die Existenz des Erzeugnisses erst von seiner Trennung datirt, ihm also sozusagen die Vergangenheit abgesprochen hätten: wie hätten sie dann zu dem Satze gelangen können, daß das Kind einer schwanger gestohlenen oder beim Diebe geschwängerten Sklavin, wenngleich es bei einem gutgläubigen Dritten geboren wurde (und ebenso das Thierjunge in gleichen Fällen), doch unersitzbar ist. Einen unbedingten Uebergang der Furtivität der Mutter auf das Kind nahmen sie doch nicht an; denn das bei einem gutgläubigen Besitzer concipirte und geborene Kind einer furtiven Sklavin erklärten sie ja für nicht gleichfalls furtiv (siehe Seite 18). Wie hätten sie also dazu kommen können, den Zeitpunkt der Conception Ausschlag gebend für die Frage der Furtivität sein zu lassen, wenn sie die Auffassung gehabt hätten, daß das Kind zu jener Zeit noch gar nicht, oder doch als ein ganz anderes Wesen, existirte?

Genug, die Anschauung, daß der geborene partus ein ganz neues, von dem ungeborenen absolut verschiedenes und von demselben daher durchaus unabhängiges Wesen sei, kann unserem Satze „partum non esse partem rei furtivae" nicht zu Grunde liegen. Sonst blieben uns Scävola und Ulpian die Angabe des Grundes schuldig, weshalb sie den vor dem Diebstahl oder beim Dieb concipirten, aber bei einem gutgläubigen Besitzer geborenen partus doch für furtiv hielten. Als bloße Folge der Furtivität der Mutter haben sie sich, wie wir schon bemerkten, jene Furtivität jedenfalls nicht gedacht, sondern vielmehr als Folge des Umstandes, daß der partus während der Delictszeit im Mutterleibe war. Wir können uns wenigstens für die Furtivität des bezeichneten partus keinen anderen, oder doch keinen auch für den fetus pecudum zutreffenden Grund denken, als eben den, daß durch das an der Mutter begangene furtum auch an dem Embryo, als derzeitigem Theile derselben, ein furtum begangen wird, und daß die ihm so aufgedrückte Furtivität ihm auch nach der Ge-

---

1) Vgl. hierüber unt. Anb. Göppert, organ. Erzeugn., S. 192 fg.

burt — wo er eben daßelbe, nur unter veränderten Umständen lebende Wesen ist — noch anhaftet.¹)

4. Also der partus ist nach wie vor dasselbe Wesen. Ebenso wie man nun, ohne die Gefahr, mißverstanden zu werden, von dem abgebrochenen Arm der Statue sagen könnte: er ist ein Theil, ein Stück derselben (womit natürlich nicht gemeint wäre: er ist noch jetzt Stück, sondern: er hat sozusagen die ihm noch jetzt anhaftende Eigenschaft, einst Stück der Statue gewesen zu sein, er ist „identisch mit dem gewesenen Substanztheil"), so ließe sich auch wohl vom partus sagen: er ist ein Theil der Mutter (partum esse rei furtivae partem).

Nun wolle man aber doch erwägen, daß zwischen Erzeugnissen und sonstigen Sachstücken der große Unterschied besteht, daß die ersteren eine (zwar nicht selbständigere Existenz, aber doch) weit selbständigere Bestimmung haben, indem die letzteren nichts weniger als dazu bestimmt sind, selbständig zu existiren. Daraus rechtfertigt es sich, wenn man der Trennung des Erzeugnisses von der Muttersache nicht ganz dieselbe Wirkung beimißt, wie sonst der Trennung von Sachstücken. Während nämlich z. B. der Arm der Statue die rechtlichen Eigenschaften derselben vollkommen theilt, also, wenn diese furtiv ist, gleichfalls ohne Weiteres furtiv ist, so übertragen sich nicht auch sämmtliche rechtlichen Eigenschaften der Muttersache auf das Erzeugniß, so wenigstens nicht die Furtivität; ist ja doch, wie wir sogleich im § 4 sehen werden, der bei einem gutgläubigen Besitzer concipirte und geborene partus einer furtiven Mutter trotz ihrer Furtivität nicht gleichfalls furtiv. Und insofern kann man daher wieder sagen: partum non esse partem rei furtivae, d. h. der geborene partus ist nicht schlechthin (nicht in dem Maße, wie sonst Sachstücke als identisch mit dem gewesenen Substanztheil zu betrachten sind) als identisch mit dem ungeborenen, der portio mulieris, anzusehen; während nämlich auf die sonstigen Sachstücke sich alle rechtlichen Eigenschaften der Hauptsache unbedingt übertragen, theilt der partus nicht ebenso unbedingt die rechtliche Qualität, insbesondere nicht schlechthin die etwaige Furtivität, der Mutter. —

Dieses scheint uns die Bedeutung des Satzes: „partum non esse

---

1) Näheres darüber siehe § 10.

partem rei furtivae" zu sein. Daß sie gerade eine sich ganz von selbst ergebende sei, wollen wir nicht behaupten. Aber mit dem Satze ist in der That nicht gar zu viel anzufangen. Sobald man ihn wörtlich übersetzt, so erhält man entweder einen trivialen Sinn (siehe sub 2), oder es bleibt unklar, was mit ihm gemeint ist. Zu einer Umschreibung muß man daher schon greifen, um einen brauchbaren Sinn zu erhalten; und da. scheint uns denn die obige wenigstens sachlich nicht unrichtig zu sein.

IV. Die Ausführungen dieses Paragraphen werden die Annahme, daß die L. 10 § 2 mit der L. 48 § 5 D. de furt. 47,2 in Widerspruch steht, hoffentlich widerlegt haben.

Denn danach ist der Inhalt der L. 10 § 2, kurz recapitulirt, folgender: Nach der Meinung Scävola's geht Marcellus mit seiner Behauptung, daß jeder beim Erben des Diebes einer Sklavin geborene partus derselben unersitzbar ist, zu weit; unter Umständen ist ein solcher beim Erben des Diebes geborener partus vielmehr ersitzbar, weil auf den partus nicht in dem Maße, wie bei sonstigen Sachtheilen, die rechtliche Qualität, vor Allem nicht ohne Weiteres die Furtivität der Mutter, sich überträgt.

Die „Umstände" aber, von welchen Scävola jene Ersitzbarkeit abhängig macht, sind — wie wir hinzufügen können — Conception und Geburt bei einem in Bezug auf die Sklavin gutgläubigen Erben.

So verstanden, steht die L. 10 § 2 also nicht nur nicht im Widerspruch mit der L. 48 § 5 cit., sondern bildet sogar eine interessante Ergänzung derselben, insofern als sie den theoretischen Grund angiebt, weshalb man den bei einem b. f. possessor einer ancilla furtiva concipirten und geborenen partus nicht für furtiv und unersitzbar zu halten hat.

Kann das Kind einer gestohlenen Sklavin erseffen werden:

II. wenn dasselbe bei einem gutgläubigen Erwerber concipirt wurde, und zwar:

§ 4.

1. wenn dieser andauernd, d. h. bis zur vollendeten Ersitzung des Kindes, in gutem Glauben bleibt?

I. Wenn das Kind einer gestohlenen Sklavin bei einem anbauernb gutgläubigen Besitzer berselben concipirt und geboren wurde, so ist es ersitzbar.

Dieses wird bezeugt durch 2 Stellen:

L. 33 pr. D. de usurp. et usuc. 41,3 (Julianus lib. quadrag. quarto Dig.): „Non solum bonae fidei emptores, sed et omnes, qui possident ex ea causa, quam usucapio sequi solet, partum ancillae furtivae usu suum faciunt, idque ratione iuris introductum arbitror: nam ex qua causa quis ancillam usucaperet, nisi lex duodecim tabularum vel Atinia obstaret, ex ea causa necesse est partum usucapi, si apud cum conceptus et editus eo tempore fuerit, quo furtivam esse matrem eius ignorabat."

L. 48 § 5 D. de furt. 47,2 (Ulp.): „... sed si (ancilla) concepit apud bonae fidei possessorem ibique pepererit, eveniet, ut partus furtivus non sit, verum etiam usucapi possit." —

Bedenken könnte jedoch erregen die

L. 4 § 17 D. de usurp. 41,3 (Paulus):

„Sed et si ut servum meum manumitterem, alius (d. h. ein Nichtsklave) mihi furtivam ancillam dederit eaque apud me conceperit et pepererit, usu me non capturum. idemque fore etiam, si quis eam ancillam mecum permutasset aut in solutum dedisset, item si donasset."

In dieser Stelle des Paulus ist klar ausgesprochen, daß der bei einem b. f. possessor der ancilla furtiva concipirte und geborene partus nicht ersitzbar ist. Die indirecte Rede in der Stelle beweist nun aber, daß Paulus hier citirt, und zwar ist es, wie sich aus dem § 16 eod. (siehe sub II 2 dieses §) ergiebt, die Ansicht des Sabinus und Cassius, die hier referirt wird. Diese älteren Juristen scheinen in der That die Furtivität der Mutter unbedingt auf den partus ausgedehnt zu haben[1]), indem sie den partus ganz so ansahen, wie sonst einen Theil einer Sache[2]). Die späteren Juristen jedoch sahen das vitium der Furtivität für nicht so „elastisch" an, was aus den oben citirten LL. 33 pr. und 48 § 5, sowie aus der ausführlich erörterten L. 10 § 2 D. 41,3 (oben § 3) hervorgeht; und auch Paulus selbst theilt durchaus nicht jene Ansicht des Sabinus und Cassius; denn er fährt im § 18 — auf vorher Gesagtes, welches die Compilatoren offenbar fortgelassen haben, verweisend — fort:

„Si antequam pariat, alienam esse rescierit emptor, diximus non posse cum usucapere (scil. partum): quod si nescierit, posse."

Daher haben wir die Ansicht des Sabinus und Cassius (§ 17) als antiquirt zu betrachten.

Man könnte allenfalls einwenden, daß aus dem § 18 gar nicht erkennbar sei, ob Paulus hinsichtlich des partus eine entgegengesetzte Ansicht vertrete, als Sabinus und Cassius; denn im § 18 sei überhaupt gar nicht von einer ancilla furtiva, sondern von einer ancilla aliena, d. h. aber tantum aliena, non furtiva, die Rede. Die Bedeutung des Wortes aliena in dieser Stelle ist allerdings schon lange bestritten.[3]) Uns scheint es aber — unverbunden, wie die §§ 17 und 18 nun einmal dastehen — nicht zweifelhaft, daß aliena hier gleichbedeutend mit furtiva zu nehmen ist.

Wie aber auch immer die eigene Meinung des Paulus gewesen sein mag: unter allen Umständen werden wir den citirten LL. 33 pr. und 48 § 5, in welchen Julian und Ulpian ihre Ansicht klar und unzweideutig aussprechen, den unbedingten Vorzug vor der L. 4 § 17 und 18 geben müssen, wie dieses denn auch seitens aller unsere Materie behandelnden Schriftsteller geschehen ist.

[1] Vgl. Göppert, organ. Erzeugn., S. 205.
[2] Vgl. oben Seite 16.
[3] Vgl. Schirmer, in der Ztschr. f. Civilr., N. F. Bd. 15 S. 310 Anm. 2.

II. In den Quellen sind nun aber 2 Fälle erwähnt, welche auf den ersten Blick als Ausnahmen des sub I aufgestellten Princips erscheinen, welche aber in Wirklichkeit keine Ausnahmen sind; denn das Princip, daß der bei einem b. f. possessor concipirte und geborene partus zur Ersitzung (objectiv) res habilis sei, wird dadurch nicht alterirt; es handelt sich vielmehr nur um subjective Usucapionshindernisse. Die beiden Fälle sind folgende:

1. Wenn der b. f. possessor der ancilla furtiva Erbe des Diebes ist, so kann er selbst den bei ihm concipirten und geborenen partus nicht ersitzen, mag er auch von der Furtivität der Mutter nichts wissen.

L. 4 § 15 D. 41,3 (Paulus lib. quinq. quarto ad edict.):
„Heres, qui in ius defuncti succedit, licet apud eum ignorantem ancillam furtivam esse conceperit ea et pepererit, non tamen usucapiet."

Als Grund dafür, daß der Erbe den partus nicht ersitzen kann, wird also angeführt: „quia in ius defuncti succedit," oder, wie es an anderer Stelle¹) heißt, „quia vitiorum defuncti successor est," d. h. weil dem Erben, auch dem gutgläubigen, der vitiöse Besitz des Erblassers schadet ²)

---

1) L. 11 § 2 D. de publ. act. 6, 2 (Ulpianus).

2) Man könnte sagen, es sei doch recht inconsequent, den beim gutgläubigen Erben des Diebes concipirten und geborenen partus für objectiv ersitzbar, nur für subjectiv unersitzbar zu erklären, und dabei auf den Satz sich zu berufen: „heres est vitiorum defuncti successor." Dieser Satz besage doch, hier angewendet: ebenso wie der Erblasser, so besitze auch der Erbe vitiös, nämlich als fur. Da also der Erbe die Sklavin gleichfalls als fur besitze, so müsse auch der bei ihm geborene partus stets objectiv unersitzbar sein. In der That wird Letzteres von Marcellus in der L. 10 § 2 cit. auch angenommen, aber, wie uns bekannt, von Scävola und Ulpian als unrichtig zurückgewiesen; ebenso von Tigerström, bonae fidei possessio, S. 86 (dag. Göppert, l. c., S. 209 A. 45), sowie neuerdings wieder von Köppen, Fruchtr. des redl. Besitzers, S. 81. Allein man muß den Satz: „heres vitiorum defuncti successor" nur richtig auffassen. Er besagt nicht: der Erbe des Diebes, auch der gutgläubige, besitzt als fur. sondern nur: jedem Erben schadet des Erblassers vitiöser Besitz, in welchen er succedirt; Rechte, welche der Erblasser an den nun vererbten Sachen nicht hätte erwerben können, kann auch der Erbe an ihnen nicht erwerben („quia in ius, b. h. die Rechtsstellung, defuncti succedit").. Der gutgläubige Erbe ist aber doch kein fur und kann daher Dritten gegenüber auch nicht als solcher gelten.

2. Wenn ein Sklave eine fremde Sklavin stiehlt und dieselbe seinem Herrn für die Freilassung giebt, so kann der Herr, wenn er auch von dem furtum nichts weiß, den bei ihm concipirten und geborenen partus doch nicht ersitzen. Denn die vitiöse Detention des Sklaven schadet dem Herrn, da die Hingabe der Sklavin für die Freilassung nur ein factisches Geschäft, kein Rechtsgeschäft ist, auf Grund dessen der Herr aus einer neuen causa zu besitzen anfangen könnte, wie ja überhaupt — von einigen Ausnahmen abgesehen — „inter dominum et eum qui in eius potestate est nulla obligatio nasci potest"; [1] daher also kann der Herr, trotz eigener bona fides, den partus der Sklavin nicht ersitzen.

L. 4 § 16 D. de usuc. 41,3 (Paulus):

„De illo quaeritur, si servus meus ancillam, quam subripuerat, pro libertate sua mihi dederit, an partum apud me conceptum usucapere possim. Sabinus et Cassius non putant, quia possessio, quam servus vitiose nanctus sit, domino noceret, et hoc verum est."

Gerade entgegengesetzt wird derselbe Fall nun aber entschieden von Julian in der

L. 9 D. pro empt. 41,4:

„Qui ob pactionem libertatis ancillam furtivam a servo accepit, potest partum eius quasi emptor (scil. ancillae) usucapere."

L. 10 D. eod. (Idem):

„Servus domino ancillam, quam subripuerat, pro capite suo dedit: ea concepit: quaesitum est, an dominus cum partum usucapere possit. respondit: hic dominus quasi emptor partum usucapere potest, namque res ei abest pro hac muliere et (genere del.) quodammodo venditio inter servum et dominum contracta est."

Julian faßt eben die gegen Hingabe einer Sklavin erfolgende Freilassung gleichsam als Kaufgeschäft auf;[2] und dann allerdings

---

— Demnach ist es durchaus consequent, wenn der gutgläubige Erbe des Diebes den bei ihm concipirten und geborenen partus selbst zwar nicht ersitzen kann, wohl aber ein gutgläubiger Dritter. Vgl. auch v. d. Kessel, dissert. cit. (oben S. 6) c. II § XIV.

[1] § 6 J. de noxal. act. 4,8.
[2] Ebenso Ulpian: (L. 11 § 8 D. de inst. act. 14, 3) „... cum dominus

kann der Herr — da jenes Geschäft für ihn eine neue iusta causa possessionis bildet, auf Grund deren er Sklavin und partus ebenso besitzt, wie jeder andere gutgläubige Erwerber — den bei ihm concipirten und geborenen partus ersitzen.

So aber stehen die LL. 9, 10 cit. in directem Widerspruch mit L. 4 § 16 cit. Denselben zu lösen, hat man sich vergeblich bemüht.[1]) Ihre Unvereinbarkeit wird von den meisten neueren Schriftstellern zugestanden.[2])

Die Frage nun, welche der beiden Ansichten für uns die maßgebende sei, wird zu Gunsten der L. 4 § 16 zu beantworten sein. Denn Julian scheint mit der seiner Ansicht zu Grunde liegenden Auffassung des zwischen Herrn und Sklaven abgeschlossenen Geschäfts als eines Quasikaufs nicht durchgedrungen zu sein;[3]) dieselbe wird vielmehr von Paulus verworfen:

L. 14 § 3 D. de in diem addict. 18, 2 (Paulus lib. quinto ad Sabin.):

„... si servo suo vel filio, quem in potestate habet ..., id addixerit .. non est emptio his casibus."

Und Paulus verwirft, unter Berufung auf Celsus, auch die daraus sich ergebende Consequenz:

L. 2 § 14 D. pro empt. 41, 4 (Paulus lib. quinquag. quarto ad edict.):

„Et si quod non bona fide servus meus emerit, in pactionem libertatis mihi dederit, non ideo me magis usucapturum, durare enim primam causam possessionis idem Celsus ait."

---

a servo emit, est emptio, licet non sit dominus obligatus, usque adeo, ut etiam pro emptore et possidere et usucapere dominus possit."

1) Donellus (comm. de iure civ., l. V. c. 25 § 3) will in der L. 10 unter servus einen servus manumissus verstanden wissen. Unterholzner, (Verjährungsl. Bd. I. S. 424) meint, daß die Umstände und die besondere Beschaffenheit der Fälle berücksichtigt werden müßten, wo sich alsdann bald für Julian, bald für Paulus das Uebergewicht der Gründe neigen werde. Siehe dag. Göppert, org. Erzeugn., S. 207 A. 39, und Möllenthiel, Nat. des guten Glaubens, S. 72 A. 192.

2) Göppert, l. c., Möllenthiel, l. c., Fitting, im Arch. f. civ. Praxis, Bd. 51 S. 83.

3) Göppert, S. 206, Fitting, S. 32, 33.

Kann das bei einem gutgläubigen Erwerber einer gestohlenen Sklavin concipirte Kind derselben ersessen werden:

§ 5.

2. wenn er vor vollendeter Ersitzung des Kindes schlechtgläubig wird?

Im vorigen Paragraphen war nur von dem Falle die Rede, daß der gutgläubige Erwerber der Sklavin, bei welchem Conception und Geburt des Kindes stattfinden, andauernd, d. h. vom Zeitpunkte des Erwerbes der Sklavin bis zur vollendeten Ersitzung des Kindes, sich in bona fide befindet. Es fragt sich nun, welchen Einfluß die mala fides superveniens auf die Ersitzbarkeit des Kindes ausübt.

Die mala fides kann hier innerhalb dreier Zeiträume eintreten, entweder
1. schon vor der Conception, oder
2. erst nach der Conception, aber noch vor der Geburt, oder
3. erst nach der Geburt, aber noch vor vollendeter Ersitzung des Kindes.

I. Was die erste Eventualität anlangt, daß nämlich der gutgläubige Erwerber der gestohlenen Sklavin vor der (bei ihm stattfindenden) Conception von der Furtivität der Sklavin erfährt, so werden wir die Fälle zu unterscheiden haben, 1) daß er in diesem schlechten Glauben andauernd verharrt, und 2) daß er nach der Conception wieder gutgläubig wird.

Ad 1. Wenn der vor der Conception schlechtgläubig gewordene Besitzer andauernd in mala fide bleibt, so ist

a. er selbst nicht im Stande, das Kind zu ersitzen; denn wenn er andauernd in mala fide bleibt, so ist er auch zur Zeit der Geburt des Kindes in mala fide, und die zur Zeit der Geburt, als der Trennung vom Mutterleibe, vorhandene mala fides, in welcher Gestalt sie auch auftreten mag, hindert die Ersitzung des Kindes, wie wir alsbald sub II näher sehen werden.

b. Ein dritter gutgläubiger Erwerber der bei jenem geschwängerten Sklavin kann das Kind ebenfalls nicht ersitzen; denn in der von jenem in Kenntniß der Furtivität der Sklavin, also fraudulos, vorgenommenen Veräußerung liegt ein neues furtum;[1]) es liegt also der Fall vor, daß an einer schwangeren Sklavin ein furtum verübt wird, in welchem Falle bekanntlich der partus objectiv unersitzbar ist.

Ad 2. Wenn der vor der Conception schlechtgläubig gewordene Besitzer zur Zeit der Geburt schon wieder in bona fide ist — wenn z. B. der gutgläubige Erwerber der Sklavin vor der Conception erfährt, daß sie eine gestohlene sei, nach der Conception aber die zwar thatsächlich unrichtige, ihm jedoch durchaus glaubhaft gemachte Mittheilung erhält, daß die Sklavin doch keine gestohlene, daß also seine mala fides eine irrige gewesen sei, und wenn er nun in solcher bona fides verharrt — so scheint uns der Ersitzbarkeit des Kindes nichts im Wege zu stehen. Denn das zur Zeit des Besitzes der Sklavin durch den fur, also während der Delictszeit, im Mutterleibe befindliche Kind ist zwar, wie wir wissen, unersitzbar. Ist aber der gutgläubige Erwerber der Sklavin, welcher durch die Nachricht, daß sie eine gestohlene sei, in malam fidem gerathen ist, ohne Weiteres ein fur? Ist das bloße Behalten der Sklavin in solchem Falle ein (auch criminalrechtlich verfolgbares) Delict? Müßte Jener also, um rechtmäßig zu handeln, die Sklavin hinauswerfen, oder, wenn er ihren Eigenthümer kennt, sie diesem zuschicken, oder ihn wenigstens benachrichtigen? Oder sollte er nicht vielmehr abwarten dürfen, bis er von demselben belangt wird? Genug, die Zeit der mala fides ist in solchem Falle, trotzdem also die mala fides in dem Wissen um das verübte furtum besteht, keine Delictszeit, und folglich der während derselben concipirte partus noch kein furtiver.

Bedenken gegen diesen Satz könnten allerdings einige Quellenaussprüche erregen.

So heißt es in der uns schon bekannten L. 48 § 5 D. de furt. 47, 2 von Ulpian, daß der partus nur dann ersitzbar sei, „si ancilla concepit apud bonae fidei possessorem ibique pepererit". In dieser Stelle könnte man das Erforderniß der bona fides zur

---

1) Siehe unten S. 34 Anm. 1.

Zeit der Conception ausgesprochen finden. Allein dann würde man den Sinn der Worte „bonae fidei possessorem" mißverstehen.

Wie wir uns erinnern, ist nämlich in der Stelle zunächst davon die Rede, daß der apud furem concipirte partus stets unersitzbar ist. Im Gegensatze hierzu heißt es nun in dem citirten Satze weiter, daß der apud b. f. possessorem concipirte und geborene partus ersitzbar ist.

Die Gegensätze apud furem und apud b. f. possessorem hat sich Ulpian ganz gewiß als contradictorische gedacht. Jedenfalls haben wir sie als solche aufzufassen, wenn wir keine Lücke behalten wollen. Eine solche besteht nämlich, sobald wir „fur" und „b. f. possessor" wörtlich nehmen; denn dann läßt uns die Stelle — und übrigens auch jede andere — bei der Frage im Stich, wie es mit der Ersitzbarkeit des Kindes steht, wenn die Conception bei einem Besitzer stattfand, welcher — wie der in dem obigen, am Anfang dieser Nummer genannten, Beispiele näher charakterisirte — weder fur, noch auch b. f. possessor ist.

Wenn also die Gegensätze contradictorische sein sollen, so ist entweder der fur, im Gegensatze zum b. f. possessor, als m. f. possessor aufzufassen, oder andererseits der b. f. possessor, im Gegensatze zum fur, als Nicht-fur.

Auf den ersten Blick scheinen beide Möglichkeiten sich die Wage zu halten. Gegen die erstere spricht jedoch, daß wir dann in dem Falle unseres obigen Beispiels einen furtiven partus hätten, ohne daß zur Zeit oder nach der Conception des partus ein furtum vorläge. Man wende nicht ein, daß ja an der Mutter ein furtum verübt worden ist; denn dieses furtum allein bedingt die Furtivität des partus noch keineswegs, was man daraus ersehen kann, daß der bei einem b. f. possessor concipirte und geborene partus einer gestohlenen Mutter nicht furtiv ist.

Gegen die zweite Möglichkeit (daß unter dem b. f. possessor ein Nicht-fur zu verstehen ist) erhebt sich ein derartiges Bedenken nicht. Auch darüber, daß Ulpian b. f. possessor statt des correcteren non fur oder dgl. sagt, braucht man sich nicht zu wundern. Denn wenigstens in 100 Fällen 99 Mal ist derjenige Besitzer einer gestohlenen Sache, welcher nicht fur ist — man bedenke, daß zum fur auch jeder fraudulose Erwerber der Sache wird — b. f. possessor.

Und an den einen höchst seltenen, fast abnormen Fall, von welchem wir hier sprechen (daß nämlich ein gutgläubiger Erwerber der gestohlenen Sklavin von dem furtum erfährt und, auf diese Weise schlechtgläubig geworden, nun ruhig das Vorgehen des Eigenthümers abwartet) hat Ulpian offenbar nicht gedacht. Hätte er daran gedacht, so würde er zweifellos statt b. f. possessor non fur oder dgl. gesagt haben. Wir jedenfalls sind genöthigt, unter dem b. f. possessor auch solchen m. f. possessor zu verstehen, welcher nicht fur ist.

Das Nämliche, wie von der L. 48 § 5, gilt in der Hauptsache auch von anderen Stellen, insbesondere von der L. 33 pr. D. de usuc. 41, 3 von Julian, in welcher es am Schlusse heißt: „... necesse est partum usucapi, si apud eum conceptus et editus eo tempore fuerit, quo furtivam esse matrem eius ignorabat." In dieser Stelle scheint ausdrücklich gesagt zu sein, daß der Besitzer der Sklavin, wenn das Kind ersitzbar sein soll, zur Zeit der Conception nichts von ihrer Furtivität wissen darf. Allein auch Julian denkt eben nur an den durchaus normalen Fall, daß der Besitzer der Sklavin ein andauernd gutgläubiger ist; im Gegensatze zu solchem steht in seiner Vorstellung der fur. Wenn er nun sagt, der Besitzer dürfe zur Zeit der Conception und Geburt nichts von der Furtivität wissen, müsse also gutgläubig sein, so heißt das, er dürfe kein fur sein. So gern wir daher auch Schirmer zugeben, daß die Worte eo tempore quo etc. nicht bloß auf et editus, sondern auch auf conceptus zu beziehen sind,[1]) so scheint es uns auf Grund des Gesagten doch unrichtig, wenn Schirmer, die Worte conceptus eo tempore etc. urgirend, die Stelle dahin auffaßt, daß nach ihr der Besitzer der Sklavin zur Zeit der Conception nur ja nichts von ihrer Furtivität wissen darf, wenn der partus ersitzbar sein soll.

Demnach meinen wir, daß die zur Zeit der Conception eingetretene mala fides, wofern es bei ihr sein Bewenden hat, und nicht noch etwa durch Veräußerung der (schwangeren) Sklavin ein neues furtum hinzukommt, der Ersitzbarkeit des Kindes nichts im Wege steht — vorausgesetzt freilich, daß zur Zeit der Geburt schon wieder bona fides vorhanden ist: über welches Erforderniß wir jetzt sogleich handeln werden.

---
1) Schirmer, Usucapion, S. 184 flg.

II. Was also die Frage anlangt, ob zur Ersitzbarkeit des partus guter Glaube des Besitzers **auch noch zur Zeit der Geburt** erforderlich ist, so ist es bekannt, daß zum Zweck der Ersitzung einer Sache der gute Glaube allgemein zur Zeit der Besitzergreifung derselben vorhanden sein muß.¹) Selbständig besessen wird aber das Sklavenkind erst von der Geburt an. Folglich muß **der gutgläubige Erwerber der Mutter, um das Kind ersitzen zu können, zur Zeit der Geburt in bona fide sein.**

Dieser Satz findet sich denn auch ausgesprochen nicht bloß in den im vorigen Paragraphen citirten Stellen,²) sondern namentlich auch in der

L. 4 § 18 D. de usuc. 41, 3 (Paulus):
„Si antequam pariat (scil. ancilla), alienam esse rescierit emptor, diximus non posse eum usucapere (scil. partum)."

Der Besitzer darf hiernach also bei der Geburt des Kindes, wenn dieses ersitzbar sein soll, nicht wissen, daß die Mutter eine Fremde ist.³)

Gerade das Gegentheil hiervon besagt nun aber die

L. 44 § 2 D. eod. (Papinianus):
„Etsi possessionis, non contractus initium, quod ad usucapionem pertinet, perspici placet, nonnumquam tamen evenit, ut non initium praesentis possessionis, sed causam antiquiorem traditionis, quae bonam fidem habuit, inspiciamus, veluti circa partum eius mulieris, quam bona fide coepit pos-

---

1) Windscheid, Pand., § 177 Nr. 1.
2) L. 48 § 5 D. de furt. 47, 2 und L. 33 pr. D. de usuc. 41, 3, in welchen Stellen die Worte „ibique pepererit," resp. „et editus" gewiß nicht zum Ueberfluß gesagt sind; vgl. auch L. 4 § 15 und § 17 D. de usuc. 41,3.
3) Man könnte gegen die Heranziehung der L. 4 § 18 auch hier einwenden, diese Stelle sei darum nicht beweisend, weil sie nicht von einer ancilla furtiva, sondern von einer ancilla tantum aliena spreche (vgl. oben Seite 19). Dieses dahingestellt, bleibt die Stelle für uns doch nicht minder beweiskräftig. Denn wenn uns daselbst gesagt wird, daß sogar bei einer ancilla tantum aliena die vor der Niederkunft erhaltene Kenntniß von ihrer „Fremdheit" die Ersitzung des Kindes hindert: um wie viel mehr muß solches nicht bei einer ancilla furtiva der Fall sein?

sidere, non enim ideo minus capietur usu puer, quod alienam matrem, priusquam eniteretur, esse cognovit"

Wie der Anfang der Stelle zeigt, bedenkt Papinian sehr wohl, daß zur Usucapion einer Sache guter Glaube zur Zeit des Anfangs ihres Besitzes in der Regel erforderlich ist. Und doch soll der partus einer „ancilla aliena" ersitzbar sein, wenngleich der gutgläubige Erwerber derselben zur Zeit des Besitzerwerbs am partus, nämlich zur Zeit der Geburt, bereits weiß, matrem esse alienam.

Man hat sich viele Mühe gegeben, diese Stelle mit den obigen zu vereinigen.

Nach der Auffassung der Einen spricht Papinian hier von einer ancilla tantum aliena, nicht von einer ancilla furtiva.[1]) Dagegen wird mit Recht geltend gemacht,[2]) daß auch in der L. 4 § 18 cit. nur von einer fremden, nicht gerade von einer entwendeten Sklavin die Rede sei, und daß dort trotzdem die Grundsätze Ulpian's und Julian's angewendet würden.

Von anderer Seite wird unterstellt, die L. 44 § 2 rede von einer Sklavin, welche schon bei der Erwerbung schwanger war;[3]) und wieder Andere verbinden diese Annahme mit der vorigen.[4])

Für alle Fälle bleibt zu bedenken, daß grundsätzlich „Besitz und Ersitzung (des Kindes) neu und selbständig beginnen müssen."[5]) Und weshalb von diesem Grundsatz in dem Falle der ersten Supposition — daß von einem gutgläubigen Erwerber einer ancilla tantum aliena, welcher vor der Geburt aber von ihrer „Fremdheit" erfährt, die Rede sei — eine Ausnahme gemacht werden soll, ist nicht einzusehen; denn der Umstand, daß in dem genannten Falle an der Mutter eine Usucapion begonnen ist, aber eben auch nur be-

1) So Altamiranus, l. c. § 14 (Meerman's thes. t. II. p. 511); Cuiacius, comment. ad L. 4 § 18 D. de usurp.; Donellus, comment., l. V. c. 25 § 7; Chesius, c. 11 differ. iur., bei Heinecius, iurispr. Rom. et Att., tom. II. p. 646.
2) Unterholzner, Verjährungsl., Bd. I. S. 426; Göppert, org. Erzeugnisse, S. 258 A. 40.
3) Unterholzner, l. c
4) Möllenthiel, Nat. des guten Glaubens, S. 76 und 77, bes. A. 200; Böcking, Pand., § 146 A. 43 und § 147 A. 48.
5) Göppert, l. c., S. 258 A. 40.

gönnen ist, kann für die Ersitzbarkeit des Kindes doch unmöglich von Einfluß sein. Ebenso wenig rechtfertigt sich eine Ausnahme in dem Falle der anderen Supposition — daß Jemand gutgläubig eine gestohlene Sklavin in schwangerem Zustande erwirbt, aber vor der Geburt des Kindes von dem Diebstahl erfährt; denn weshalb sollte wol — guten Glauben beim Erwerbe in beiden Fällen vorausgesetzt — von dem Kinde einer schwanger erworbenen Sklavin etwas Anderes gelten, als von dem Kinde einer solchen, welche erst nach dem Erwerbe, aber noch während der Dauer des guten Glaubens, geschwängert wird? Ein wohlfeiler, nur scheinbarer Grund ist der von Unterholzner[1]) angeführte: „Es scheint der Natur der Sache angemessen, daß bei einer als schwanger gekauften Sklavin das iustum initium sowohl für sie selbst, als für ihre Leibesfrucht nach der Zeit beurtheilt wird, wo man die Sklavin erwirbt."

Die Unvereinbarkeit der L. 44 § 2 mit den anderen obigen Stellen[2]) muß zugestanden werden. Papinian hat nun einmal eine eigenthümliche Ansicht gehabt. Für uns maßgebend sind aber jene anderen Stellen, nicht die L. 44 § 2.[3]) Denn einmal ist Papinian's Ansicht die ältere, von der späteren Jurisprudenz verworfene,[4]) und sodann bildet sie eine nicht gerechtfertigte Abweichung von dem anfangs erwähnten Princip der Usucapion.

Wenn aber die Stellen wirklich vereinbar wären, indem L. 44 § 2 von einer ancilla aliena non furtiva spricht (welche Annahme aber zurückgewiesen werden mußte), so ginge sie uns hier weiter nichts an, weil sie dann nicht von dem partus einer ancilla furtiva handeln würde.

Unter allen Umständen dürfen wir daher den Satz aufstellen: zur Ersitzbarkeit des partus einer ancilla furtiva ist guter Glaube des Besitzers derselben auch noch zur Zeit der Geburt des partus erforderlich.[5])

---

1) Unterholzner, l. c., S. 426, 427.
2) L. 48 § 5 D. de furt. 47, 2; L. 33 pr. D. de usuc. 41, 3; L. 4 § 18 D. eod.
3) A. M. Schweppe, röm. Privatr., § 255 A. 3.
4) So Göppert, l. c., S. 256 und 257, bes. A. 39.
5) So u. A. auch Tigerström, b. f. possessio, § 12 A. 16.

III. Wir kommen nun zu der dritten Hauptfrage, nämlich zu der Frage nach dem Einfluß der mala fides superveniens auf die bereits begonnene Ersitzung des partus.

Es ist bekanntlich Princip des römischen Rechts — im Gegensatz zu dem auf einer Vorschrift des canonischen Rechts[1]) beruhenden gemeinen Rechte, wonach der gute Glaube bis zum Schluß der Ersitzung ununterbrochen fortdauern muß —, daß die bona fides nur beim Beginn der Ersitzung vorhanden zu sein braucht.[2]) Weshalb sollte nun wohl für die Ersitzung des partus ancillae furtivae etwas Anderes gelten? Jenes Princip wird denn auch uneingeschränkt angewendet in der

L. 4 § 18 D. de usuc. 41, 3 (Paulus):

„Si antequam pariat (scil. ancilla), alienam esse rescierit emptor, diximus non posse eum usucapere: quod si nescierit, posse. quod si, cum iam usucaperet, cognoverit alienam esse, initium usucapionis intueri debemus, sicut in emptis rebus."

Ganz derselben Meinung war Trebatius; Pomponius aber schränkte sie ein:

L. 4 pr. D. pro suo 41, 10:

„Si ancillam furtivam emisti fide bona (quodque) ex ea natum et apud te conceptum est ita possedisti, ut intra constitutum usucapioni tempus cognosceres matrem eius furtivam esse, Trebatius omni modo, quod ita possessum esset, usucaptum esse. ego sic puto distinguendum, ut, si nescieris intra statutum tempus, cuius id mancipium esset, aut si scieris neque potueris certiorem dominum facere, aut si potueris quoque et feceris certiorem, usucaperes: sin vero, cum scires et posses, non feceris certiorem, contra esse: tum enim clam possedisse videberis, neque idem et pro suo et clam possidere potest."

Nach Pomponius wird also die Ersitzung des partus dann gehindert, wenn der Besitzer nach Beginn der Ersitzung den Herrn der

---

1) Cap. 20 X. de praescr. 2, 26.
2) L. 48 § 1 D. de A. R. D. 41, 1; L. 13 D. pro empt. 41, 4; L. un. C. de usuc. transf. 7, 31.

Sklavin erfuhr, ihn auch hätte benachrichtigen können, dieses aber zu thun unterlassen hat.

Es ist aber nicht, wie Manche glauben,[1]) die mala fides superveniens an sich, welche Pomponius als Hinderniß der Usucapion hinstellt, sondern vielmehr der Umstand, daß der Usucapient in Folge seiner mala fides superveniens clam besitzt, und daß in Folge dessen seine causa possessionis aufhört, eine iusta zu sein; dieses Aufhören der iusta causa possessionis sei eben, so wird behauptet,[2]) eine Eigenthümlichkeit des titulus pro suo, während bei allen anderen Usucapionstiteln durch die mala fides superveniens nur die bona fides, nicht auch die iusta causa possessionis aufgehoben werde.

Allein ist es denn zunächst nach der Auffassung der römischen Juristen wirklich eine clandestina possessio, wenn der Besitzer, nachdem er den Herrn kennen gelernt, den partus geheim hält? Julian, African und Ulpian,[3]) welche hier wol als Vertreter der unter den römischen Juristen herrschenden Meinung angesehen werden können, haben es nicht angenommen.

Die abwegige Entscheidung des Pomponius aus einer Eigenthümlichkeit des titulus pro suo erklären zu wollen, ist bei der Unsicherheit der Grenzen dieses Begriffes bedenklich,[4]) zumal da es überhaupt durchaus nicht über jeden Zweifel erhaben ist, ob Ersitzungstitel des partus denn wirklich der titulus pro suo, und nicht vielmehr ein anderer, nämlich der jedesmalige Erwerbstitel der Mutter, ist.[5])

---
1) Glück, Commentar, Bd. 8 S. 344; Stintzing, Wesen von bona fides und titulus, S. 36 flg.

2) Donellus, l. c. § 9; Möllenthiel, Natur des guten Glaubens, S. 80.

3) L. 40 § 2 D. de A. V. O. P. 41, 2 (Africanus): „Servum tuum a Titio bona fide emi et traditum possedi; deinde cum comperissem tuum esse, ne eum peteres, celare coepi; non ideo magis hoc tempore clam possidere videri me ait (scil., wie bekannt, Julianus)." L. 6 pr. D. eod. (Ulpianus): „... is autem, qui, cum possideret non clam, se celavit, in ea causa est, ut non videatur clam possidere."

4) Unterholzner, Verjährungsl., Bd. I. § 123 S. 433.

5) Vgl. Göppert, org. Erzeugn., S. 255—262; Savigny, R. des Besitzes, § 22 IV.

Wenn man glaubt, daß für die ancilla furtiva hier etwas Besonderes gegolten habe,[1]) so fehlt es für eine solche Besonderheit an jeder ratio.[2])

Da also alle Vereinigungsversuche scheitern, wird es nicht zu kühn sein, mit Göppert[3]) anzunehmen, daß „die Aufnahme der Stelle auf einem Versehen der Compilatoren beruht, welche höchst wahrscheinlich in den einschlagenden Fragen sich selbst nicht zurecht gefunden haben."

Wir können daher getrost — wohlgemerkt aber nur für das römische Recht — bei dem Satze bleiben, daß eine erst nach begonnener Ersitzung des partus eintretende mala fides des Besitzers kein Hinderniß der Ersitzung bildet. —

Der Inhalt dieses Paragraphen läßt sich kurz dahin zusammenfassen:

Mala fides des gutgläubigen Erwerbers der gestohlenen Sklavin zur Zeit der Conception schadet an sich der Ersitzbarkeit des Kindes nicht, wohl aber allerdings die während solcher mala fides vorgenommene fraudulose Veräußerung. Ebensowenig schadet die erst nach begonnener Ersitzung eintretende mala fides. Dahingegen ist bona fides zur Zeit der Geburt ein unbedingtes Erforderniß der Ersitzbarkeit des Kindes.

---

1) Savigny, l. c. § 41; Cuiacius, ad Afric. tract. VII. ad L. 40 § 2 D. de poss. 41, 2.
2) Unterholzner, l. c., S. 434.
3) Göppert, l. c., S. 258 A. 39 a. E.

Zweites Capitel.
Können die „Früchte" gestohlener Sachen ersessen werden:

§ 6.
I. wenn sie von einem schlechtgläubigen Besitzer percipirt wurden?

Nachdem wir die Lehre von der Furtivität des Sklavenkindes eingehend behandelt haben, kommen wir jetzt zu der Frage nach der Furtivität von anderen Erzeugnissen, also „Früchten".

Erörtern wir zunächst den Fall, daß diese Früchte von einem malae fidei possessor der fruchttragenden Sache percipirt werden. —

Wenn ein m. f. possessor die Früchte percipirt, so kann er selbst sie wegen mangelnder bona fides nicht ersitzen. Das ist klar.[1])

Fraglich kann nur sein, ob jene Früchte auch von Seiten eines dritten gutgläubigen Erwerbers derselben unersitzbar sind. Die Beantwortung dieser Frage wird davon abhängen, ob die Früchte, wenn sie in die Hand des dritten Erwerbers gelangen, res furtivae sind, oder nicht.

Bestritten ist nun zwar, ob der m. f. possessor schon durch Perception der Früchte ein furtum an ihnen begeht.[2]) Unzweifelhaft

---

1) Schirmer (zu Unterholzner, Verjährungsl., Bd. I S. 420*) ist doch anderer Meinung. Nach ihm kann nur derjenige schlechtgläubige Percipient die Früchte nicht ersitzen, welcher von dem verübten Diebstahl wußte, wohl aber jeder sonstige, d. h. derjenige, welcher wol weiß, daß die Sache eine fremde, aber nicht auch, daß sie eine gestohlene ist. Die Frage läuft hinaus auf die nach dem Begriff der bona fides bei der Ersitzung. Jedenfalls wird zur Verhinderung der Ersitzung doch schon hinreichend sein, wenn der Besitzer auch nur weiß, daß sie eine fremde ist. Vgl. Windscheid, Pand., § 176.

2) Darüber stritten — beiläufig bemerkt — schon die Glossatoren (siehe Haenel, dissens. dom., vet. coll. § 70). Von der jetzt herrschenden Meinung (Unterholzner, Verjährungsl., § 65, S. 209, siehe daselbst S. 209—212 aber auch die beiden Ausnahmen; ferner Böcking, Pand. § 145 d; Bangerow, Pand., § 317 A, S. 586; Schmid, Handb., § 14 A. 21; Ihering, Geist des r. R., Bd. III Abth. 1 S. 81; u. A. m.) wird die Frage mit Recht bejaht. A. M. Göppert, org. Erz., S. 201—203.

aber ist, daß wenigstens ihre fraubulose Veräußerung ein furtum involvirt.[1][2)

Daher sind die von einem m. f. possessor einer gestohlenen Sache percipirten und veräußerten Früchte — weil, wenigstens in der Regel, furtiv — von Seiten des dritten Erwerbers unersitzbar. Dieses wird ausdrücklich bezeugt durch die

L. 4 § 19 D. de usurp. 41, 3 (Paulus):
„Lana ovium furtivarum si quidem apud furem detonsa est, usucapi non potest" (scil. a tertio).

Daß diese Stelle bloß besagen sollte: der fur selbst kann die Wolle nicht ersitzen, ist schon darum höchst unwahrscheinlich, weil sie dann nur einen trivialen Sinn hätte; sonst würde sie ja auch eher etwa lauten: lana ... a fure detonsa ab eo usucapi non potest.

Für die Ergänzung a tertio ist vielmehr außerdem entscheidend, daß Paulus in der L. 4, wie er im principium sagt,[3]) überhaupt von den objectiven Ersitzungshindernissen handelt.

[1]) Gai. Instit. lib. II § 50; § 3 J. de usuc. 2, 6: „.. qui alienam rem vendidit, vel ex alia causa tradidit, furtum eius committit." Schirmer, Usuc., S. 132 A. 80 a. E.; Huschke, im Arch. f. civ. Praxis, Bd. 63 S. 451 oben; Wetzell, röm. Vindicationsproz., S. 166 (in der bloßen Perception der Früchte durch einen unredlichen Besitzer erblickt dieser Schriftsteller jedoch, gleich Göppert, noch kein furtum); und die anderen eben Citirten.

[2]) Nicht jede Veräußerung von Früchten, welche der Dieb oder ein sonstiger m. f. possessor percipirt hat, ist fraubulos; so nicht die vom gutgläubigen Erben des Diebes vorgenommene. — Aber auch nicht jede von einem von der Furtivität unterrichteten, geschweige denn jede von einem sonstigen schlechtgläubigen Percipienten selbst vorgenommene Veräußerung, und noch viel weniger jede Perception durch ihn, involvirt ein furtum. Wenn z. B. Jemand eine gestohlene Sache in gutem Glauben erwarb, und erst später von dem an ihr begangenen furtum erfuhr, so wird man nicht schlechthin behaupten können, daß er an allen nachher percipirten und veräußerten Früchten ein furtum begeht. Man wird vielmehr zu unterscheiden haben, ob Perception und Veräußerung animo lucri faciendi geschahen oder nicht.

[3]) L. 4 pr. D. h. t.: „Sequitur de usucapione dicere. et hoc ordine eundum est, ut videamus, quis potest usucapere et quas res et quanto tempore."

Können die Früchte gestohlener Sachen ersessen werden:

II. wenn sie von einem gutgläubigen Besitzer percipirt wurden?

§ 7.

1. Kann von einer Ersitzung von Früchten gutgläubig besessener Sachen, bei der Natur des Fruchtrechts des redlichen Besitzers, überhaupt die Rede sein?

Die große Controverse über das Fruchtrecht des redlichen Besitzers müssen auch wir hier streifen, weil wir die Frage, ob von einer Ersitzung bona fide percipirter Früchte überhaupt die Rede sein kann, erst dann zu beantworten vermögen, wenn wir uns darüber klar geworden sind, welche Rechte der b. f. possessor einer Sache an ihren Früchten eigentlich hat.

I. Die verschiedenen Ansichten über das Fruchtrecht des redlichen Besitzers stimmen in der Hauptsache dahin überein, daß derselbe die Früchte consumiren (d. h. sowohl verzehren, als veräußern und specificiren[1])) darf, ohne sie dem Eigenthümer der fruchttragenden Sache ersetzen zu müssen — vorausgesetzt, daß er auch noch zur Zeit der Separation in bona fide war[2]) —, daß er jedoch die noch vorhandenen Früchte herausgeben muß.

Im Einzelnen aber besteht sehr großer Streit. Es fragt sich:
1. ob der b. f. possessor **Eigenthum** an den Früchten erwirbt, und zwar:

a) ob wahres, unwiderrufliches Eigenthum, mit der officio iudicis event. aufzuerlegenden Obligation, sie dem Eigenthümer der Hauptsache zu restituiren,[3]) oder

---

[1]) Vangerow, Pand., § 326 Anm. 2 Nr. 2c., Jhering, Jahrbuch, Bd. 12 S. 318, Göppert, l. c. S. 361 flg., u. A. m. Anders Windscheid, Pand., § 186 Anm. 16.

[2]) Bona fides halten selbst noch zur Zeit der Consumtion für erforderlich Marezoll, in der Ztschr. f. Civilr., Bd. 18 S. 226 flg., Köppen, Fruchterw. des b. f. possessor, S. 76 flg., u. A.

[3]) So die herrschende Meinung: Glück, Comment., Bd. 8 S. 270 flg., Backe, b. f. p. quemadm. fructus suos faciat (diss. 1825), v. Vangerow,

b) ob nur interimiſtiſches, b. h. unter Umſtänden ipso iure an den Eigenthümer der Hauptſache zurückfallendes;[1] oder
2. ob wieder nur eine b. f. possessio an ihnen entſteht;[2] oder
3. ob an gewiſſen Früchten zwar Eigenthum entſteht, an anderen aber nur wieder b. f. possessio, nämlich
a) Eigenthum an den ſog. Induſtrialfrüchten (b. h. denjenigen Früchten, die Jemand suis operis acquisierit[3]), nur b. f. possessio an den ſog. bloß natürlichen Früchten (b. h. denjenigen, qui non ex facto eius nascuntur),[4] oder
b) Eigenthum grundſätzlich an allen Früchten, aus beſonderen Gründen nur b. f. possessio bei Thierjungen.[5]

Pand., § 326 Anm. 2, 2, beſ. S. 623, Puchta, Inſtit. § 242 a. E., Pand. § 166, Böcking, Pand., § 151, Arndts, Pand., § 156, Baron, Pand., § 134 Nr. 3, Schmid, Handb., Bd. I. § 9, beſ. S. 110 und S. 117, Bruns, b. heut. r. R., § 38, in v. Holtzendorff's Encycl. Bd. I., Heimbach, Lehre von der Frucht, S. 211 flg. (1843), v. Scheurl, Beitr. z. Bearb. d. röm. R.'s, S. 287 flg. (1853), Dernburg, in der Heidelb. krit. Ztſchr., Bd. I S. 144 flg., Leiſt, Nat. des Eigenth., § 33, beſ. S. 157 A. 2 (1859), Fitting, im Arch. f. civ. Prax., Bd. 52 S. 276 flg. (1869), Jhering, in ſ. Jahrb., Bd. 12 S. 314 flg. (1873), u. v. A. m.

1) Marezoll, in der Ztſchr. f. Civilr., Bd. 18 S. 229 flg. (1843), Sell, bingl. R.'e, S. 74 (1852), auch Köppen, Fruchterw., S. 76 flg. (1872) und Huſchke, im Arch. f. civ. Prax., Bd. 63 S. 445 (1880), vgl. unten Anm. 5.
2) Savigny, R. des Beſitzes, § 22a, Göppert, organ. Erzeugn., S. 344 flg., Eck, in Behrend's Ztſchr. f. Geſetzgebg., Bd. 6 S. 373 flg., und in v. Holtzendorff's Rechtslex. Art. Fruchterwerb. Anders Windſcheid, in der Ztſchr. f. Civilr., N. F. Bd. 4 Nr. III, und Pand., § 186: die älteren römiſchen Juriſten zwar hätten von dem Fruchtrecht des redlichen Beſitzers nur die unbeſtimmte Vorſtellung gehabt, daß er die Früchte verzehren dürfe, und daß ſie daher ihrem Vermögenswerthe nach ſein ſeien, die ſpäteren hingegen hätten ihm Eigenthumsrecht zugeſchrieben, aus welchem jedoch keine Conſequenzen hergeleitet werden dürften, welche ſich aus der Verzehrungsbefugniß nicht ergäben.
3) L. 45 D. de usur. 22,1; vgl. L. 48 pr. D. de A. R. D. 41, 1.
4) So wird unterſchieden von Donellus, comment., l. IV c. 25, und Unterholzner, im Arch. f. civ. Prax., Bd. 8 Nr. XIII, beſ. S. 336 flg. und S. 348 flg. (1825).
5) So neuerdings Huſchke, im Arch. f. civ. Prax., Bd. 63 Nr. XVI, beſ. S. 455 flg., indem er behauptet, daß (im Gegenſatz zu anderen Früchten, beſonders z. B. Milch und Wolle, „welche ſchon an ſich die Natur eines für den

Auch sonst gibt es noch mehrere Mittelmeinungen.¹) Und aus dieser Verschiedenheit in der juristischen Auffassung des Fruchtrechts ergeben sich verschiedene Consequenzen in Bezug auf die Restitutions= pflicht: ob der Eigenthümer die Früchte nur zusammen mit der Haupt= sache als causa rei, oder auch selbständig fordern könne, namentlich aber auch — und darauf kommt es uns hier vornehmlich an — ob eine U s u c a p i o n der Früchte seitens des Percipienten mit der Wirk= ung der Befreiung von der Restitutionspflicht möglich ist.

Unter solchen Umständen nun verdient sicherlich diejenige An= sicht den Vorzug, welche sich mit den Quellen am ungezwungensten vereinigen läßt und die wenigsten Singularitäten aufweist. Beides trifft aber am meisten bei jener Theorie zu, welche dem b. f. possessor u n w i d e r r u f l i c h e s E i g e n t h u m gewährt.²) Daher entscheiden auch wir uns unbedenklich für dieselbe.³)

II. So haben wir uns denn die Basis geschaffen für die Be= antwortung der Frage: ob von einer Ersitzung bona fide percipirter Früchte überhaupt die Rede sein kann?

Menschen zum Verzehren bestimmten Erzeugnisses und folglich einer Frucht haben") die Thierjungen, analog den Sklavenkindern, „an sich in gleicher Qualität und Würde als neue Hauptsache neben die Muttersache treten", also zunächst, d. h. bis zur Consumtion, keine Fruchtnatur haben.

1) So z. B. unterscheidet J a n k e, Fruchtr. des redl. Besitzers, zwischen Bodenfrüchten einerseits und Früchten und Geburten von Nutzvieh andererseits, W a l b e c k, im Arch. f. civ. Prax., Bd. 57 S. 307 flg., zwischen titulirten und intitulirten Besitzern.

2) Vgl. den Nachweis von F i t t i n g, im Arch. f. civ. Prax., Bd. 52 S. 276 flg. A. 185..

3) Gegen die Eigenthumstheorie werden vornehmlich die folgenden Ein= wendungen gemacht:
1. es sei nicht einzusehen, warum das römische Recht dem redlichen Be= sitzer, wenn es ihm nur Consumtionsbefugniß habe gewähren wollen, gleich Eigenthum gegeben habe (W i n d s c h e i d, in der Ztschr. f. Civilr., N. F. Bd. 4 S. 74). Darauf antwortet K ö p p e n, Fruchterw., S. 47, ganz befriedigend: „Der b. f. possessor muß die Früchte als Eigenthümer consumiren, wenn die conditio ausgeschlossen sein soll. Die Consumtionsbefugniß als solche konnte man ihm nicht geben, weil sie kein selbständiges Recht ist; sie setzt als ihre Quelle das Eigenthum voraus. Daher mußte ihm dieses Recht zugesprochen werden." (W i n d s c h e i d 's Replik, Pand., § 186 A. 12, läßt sich ebensowenig beweisen, als widerlegen.) Ferner bemerkt F i t t i n g, l. c. S. 278, was aller=

Während diejenigen, welche dem b. f. possessor wieder nur b. f. possessio einräumen, und soweit sie ihm solche einräumen, Usucapion der Früchte, mit der Wirkung einer Befreiung von der Restitutionspflicht im Falle der Vindication, ganz consequent für statthaft halten, müssen wir mit der herrschenden Meinung die Möglichkeit einer solchen Usucapion von vornherein ebenso consequent leugnen, weil der Eigenthümer seine eigenen Sachen nicht ersitzen, und weil

dings nur für die Theorie vom unwiderruflichen Eigenthum paßt und sich zugleich gegen die vom widerruflichen lehrt: „Es sollte vor Allem das mißliche Ergebniß verhütet werden, daß der redliche Besitzer, nach erfolgter Veräußerung oder Ersitzung der Hauptsache, wegen vorher gezogener Früchte hätte belangt werden können", was zu ganz unnatürlichen Consequenzen führen müßte; siehe das von Fitting dort angeführte Beispiel und das nämliche bei Jhering, Jahrb., Bd. 12 S. 317 flg.

2. Die herrschende Meinung soll ferner sich nicht aus der Natur der Sache, sondern nur aus einem positiven Gesetze ableiten lassen, an dem es aber fehle (Ed, in v. Holtzendorff's Rechtslex., s. v. Fruchterw. Nr. III, Göppert, org. Erzeugn., S. 324). Darauf ist zu erwidern:

a. Auch die gegnerische Ansicht, daß der b. f. possessor an allen Früchten wieder nur b. f. possessio, also Usucapionsbesitz, mit Consumtionsbefugniß erhält, läßt sich nicht aus der Natur der Sache ableiten, wenigstens deckt sich das so Abgeleitete nicht mit unzweideutigen Quellenaussprüchen. Nach den Quellen nämlich ist es für das Fruchtrecht des redlichen Besitzers ganz gleichgültig, ob die Früchte ein zur Ersitzung geeignetes Object sind, oder nicht; so z. B. unterliegt auch das beim Dieb concipirte Thierjunge, obgleich es anerkanntermaßen (s. Göppert, l. c. S. 214 und 215) res furtiva und demnach unersitzbar ist, doch dem Fruchtrecht des redlichen Besitzers (L. 48 § 2 D. de A. R. D. 41,1). Nach jener Ansicht hingegen müßte es in solchen Fällen, wo die Frucht factisch furtiv ist — (daß die Frucht die Furtivität der Muttersache nicht unbedingt theilt, geben wir ja gern zu; f. oben § 3 Seite 16) — consequent auch das Fruchtrecht des redlichen Besitzers cessiren, wenigstens auf die Consumtionsbefugniß eingeschränkt werden: wovon aber weder in den Quellen, noch auch gegnerischerseits irgendwo die Rede ist. — Auch sonst geräth die gegnerische Deduction in Widerstreit mit den Quellen. Nach ihr kann nämlich das Fruchtrecht erst vom Augenblick der Perception datiren; denn erst mit diesem kann der Usucapionsbesitz beginnen (nur Savigny, R. b. Bes., § 22a Nr. III A, läßt, aber inconsequenterweise, die Usucapion der Früchte schon mit der Separation beginnen). In den Quellen ist aber wiederholt und mit Nachdruck ausgesprochen, fructus separatos (oder mox quam a solo separati sint) b. f. possessoris esse (L. 48 pr. D. de A. R. D. 41,1, L. 13 D. Q. M. U. A. 7,4, L. 25 § 1 D. de usur. 22,1). Die Erklärung Göppert's (S. 348—351), wonach mit jenen Redewendungen nur gesagt sein soll, der b. f. possessor sei

die Erſitzung auch niemals einen Befreiungsgrund von obligatoriſchen Verbindlichkeiten bilden kann.[1])

III. Es fragt ſich nur, ob vielleicht poſitive Geſetzesſtellen exiſtiren, welche ſingulärerweiſe eine Uſucapion der (bereits im Eigenthum des Uſucapienten befindlichen) Früchte, mit der ſingulären Wirkung einer Befreiung von der obligatoriſchen Reſtitutionspflicht, geſtatten. In der That gibt es einige bedenkliche Stellen, durch welche ſelbſt einige Vertreter der Eigenthumstheorie[2]) bewogen worden

auch vor der Perception „nicht ſchutzlos" (indem ihm event. die actio furti und die actio Publiciana zuſtänden), kann nicht befriedigen; denn, ſo aufgefaßt, würde das „separatione suos facere", wie Göppert (S. 351) ſelbſt eingeſteht, nicht bloß von Früchten, ſondern von allen ſeparirten gewöhnlichen Sachtheilen geſagt werden können.

b. Auch der Einwand, daß es an einem poſitiven Geſetze mangele, iſt ſchwerlich durchſchlagend. Es iſt zwar richtig, daß der b. f. possessor in den Quellen niemals geradezu dominus der Früchte genannt wird, ſondern daß es von ihm immer nur heißt: fructus eius fiunt (L. 13 i. f. D. Q. M. U. A. 7,4), suos facit (L. 25 § 2 D. de usur. 22,1), pertinent ad eum (L. 48 § 2 D. de A. R. D. 41,1, L. 48 § 6 D. de furt. 47,2) u. dgl. Daß aber mit dieſen ſehr häufig wiederkehrenden Worten gerade das Eigenthum gemeint iſt, kann um ſo weniger bezweifelt werden, weil die Compilatoren Wendungen, wie: b. f. possessor in percipiendis fructibus id iuris habet, quod dominis praediorum tributum est (L. 25 § 1 D. de usur. 22,1), oder: b. f. possessor, quod ad fructus attinet, loco domini paene est (L. 48 pr. D. 41,1), oder gar: fructus statim pleno iure eius sunt (L. 28 pr. D. 22, 1) ganz unbeanſtandet paſſiren laſſen. Die Thatſache, daß die römiſchen Juriſten ſich regelmäßig ſo allgemeiner Wendungen, wie eius fiunt u. dgl., bedienen, erklärt ſich daraus, daß ſie weniger auf die juriſtiſche Conſtruction des Fruchtrechts, als auf die proceſſuale Seite desſelben ihr Augenmerk richteten. — Ob und wieweit nun aus dem gewährten Eigenthum Conſequenzen abgeleitet werden dürfen, das freilich iſt eine andere Frage. Daß daneben wenigſtens keine Uſucapion beſtehen kann (wie dieſes von Windſcheid, Pand., § 186 A. 14, behauptet wird), zu dem Reſultate werden wir gelangen.

1) Bangerow, Pand., § 326 Anm. 2, 2c, S. 625, Schmid, Handb. des gem. R., § 9 a. E. S. 121, Sell, bingl. Rechte, S. 74 und 75, Pagenſtecher, Lehre v. Eigenth., Th. II S. 103, u. A. m.

2) Glück, Erl. der Pand., Bd. 8 S. 227, Marezoll, in der Zeitſchrift f. Civilr., Bd. 18 S. 213 flg., u. A. Vgl. auch Windſcheid, Pand., § 186 bei Anm. 13 u. 14.

sind, eine solche Usucapion für statthaft zu erklären, ja sogar, als durchaus nicht singulär, zu rechtfertigen.

Was sagen denn also diese Stellen?

§ 8.

2. Wird die Ersitzung von Früchten gutgläubig besessener Sachen vielleicht durch positive Gesetzesstellen für singulärerweise statthaft erklärt?

I. Als ganz besonders entscheidend für die Statthaftigkeit einer Ersitzung von Früchten, welche bei einem gutgläubigen Besitzer der fruchttragenden Sache separirt sind, wird die folgende Stelle angeführt:

L. 4 § 5 D. de usurp. 41, 3 (Paulus):

„Fructus et partus ancillarum et fetus pecorum, si defuncti non fuerunt, usucapi possunt" (scil. ab herede).

Es ist vorgeschlagen worden, am Schluß der Stelle statt ab herede a tertio zu ergänzen,[1]) weil der heres Erzeugnisse von Sachen, welche der Erblasser gestohlen hatte, als vitiorum defuncti successor unzweifelhaft nicht ersitzen könne. Dagegen wird zunächst mit Göppert[2]) zu bemerken sein, daß nicht alle res quae defuncti non fuerunt gestohlen zu sein brauchen.

Und wenn man nun einmal ein solches furtum supponirt, so wird doch auch ferner zu erwägen sein, daß der tertius die schon vom Erblasser selbst percipirten Früchte, weil sie schon durch die Perception res furtivae wurden (siehe S. 33 Anm. 2), nicht ersitzen kann, ebenso wenig die vom schlechtgläubigen Erben percipirten (und an ihn veräußerten), sondern nur die vom gutgläubigen Erben percipirten. Daß aber mit dem allgemeinen Satz: „si defuncti non fuerunt" nicht bloß dieser specielle Fall gemeint sein kann, „wenn ein gutgläubiger Erbe (des Diebes) sie percipirte (und veräußerte)," und daß diese Erklärung der Stelle daher eine gezwungene ist, das liegt wohl auf der Hand.

---

1) Dernburg, Pfandr., Bd. I S. 447 A. 15.
2) Göppert, org. Erzeugn., S. 334.

Die ungezwungenere, durch den Gegensatz „defuncti" gebotene Ergänzung ist vielmehr ab herede.

Danach nun sagt die Stelle: solche Erzeugnisse, deren Eigenthümer der Erblasser noch nicht war, können vom Erben erseſſen werden. Das ist in der Hauptsache auch ganz richtig; zwar kann der Erbe diejenigen Erzeugnisse, welche dem Erblasser nicht gehörten, und welche dieser auch nicht hätte usucapiren können, gleichfalls nicht usucapiren; diejenigen jedoch, welche der Erblasser im Usucapionsbesitz hatte, kann der Erbe schließlich ersitzen; ebenso kann der gutgläubige Erbe res in hereditate inventae, welche der Erblasser noch gar nicht besessen hatte, pro herede ersitzen. Davon nun aber, daß der Erblasser die Erzeugnisse selbst percipirt hat, findet sich in der Stelle doch keine Andeutung; dieselben können von ihm ebenso gut durch Kauf, Tausch u. dgl. erworben sein. Ja, wenn er selbst sie percipirt hat, so sind sie ja sogleich sein Eigenthum geworden, und es könnte daher dann von ihnen nicht gesagt sein: si defuncti non fuerunt.

Demnach beweist die Stelle jedenfalls nichts für den Satz, daß die von einem b. f. possessor percipirten Früchte, obgleich sie sein Eigenthum werden, außerdem noch erseſſen werden können; denn es ist von Früchten, welche der Erblasser selbst percipirt hat, dort gar nicht die Rede.

II. Ferner wird zum Beweise der Ersitzungsmöglichkeit folgende andere Stelle angeführt:

L. 4 § 19 D. de usuc. 41, 3 (Paulus);

„Lana ovium furtivarum si quidem apud furem detonsa est, usucapi non potest, si vero apud bonae fidei emptorem, contra: quoniam in fructu est, nec usucapi debet, sed statim emptoris fit. idem in agnis dicendum, si consumpti sint, quod verum est."

Diese Stelle hat eine eigene Literatur. Besonders die Worte: „si consumpti sint" sind Gegenstand lebhaften Streites.[1]) Die Stelle und insbesondere die genannten Worte scheinen uns nur so einen

---

1) Siehe die Anführungen bei Windscheid, in der Ztschr. f. Civilr., N. F. Bd. 4 S. 90, und bei Jhering, in f. Jahrb., Bd. 12 S. 322 und 323. Jhering und Mommſen ſchlagen die Emendation „si non summisit" (b. h.

guten Sinn zu geben, wenn man annimmt, daß der „b. f. emptor" und der „emptor" verschiedene Personen sind:[1]) ersterer ein gutgläubiger Erwerber der gestohlenen Schafe, letzterer ein Erwerber der von diesem bona fide geschorenen Wolle derselben.. Diese Annahme rechtfertigt sich nicht bloß dadurch, daß der Jurist, wenn er mit dem „emptor" dieselbe Person gemeint hätte, wie mit dem „b. f. emptor", an zweiter Stelle gewiß einfacher „eius" gesagt hätte, sondern besonders durch die dann vorhandene Concinnität mit dem ersten Satz der Stelle (lana bis potest), in welchem offenbar von einem dritten Erwerber der Wolle die Rede ist, da ja der Erbe des Diebes selbst die Wolle ohne Frage unter keinen Umständen ersitzen könnte.

Demnach ist der Sinn der Stelle folgender: Die beim Diebe geschorene Wolle gestohlener Schafe kann, wie furtive Sachen überhaupt, selbst von einem gutgläubigen Dritten nicht ersessen werden. Dahingegen wäre die Ersitzung der bei einem gutgläubigen Erwerber der Schafe geschorenen Wolle von Seiten eines Dritten an sich wohl möglich, weil dieser Wolle ja kein objectives Ersitzungshinderniß anhaftet; allein in Folge ihrer Fruchtnatur und des somit an ihr bestehenden Fruchtrechts braucht sie weiter gar nicht ersessen zu werden (kann es allerdings auch nicht), weil sie ja sogleich in das Eigenthum des b. f. possessor der Schafe übergeht, und — während sie diesem vom Eigenthümer der Mutterschafe noch abgefordert werden könnte — durch Veräußerung an einen Dritten sogar ein durch den Eigenthümer der Mutterschafe als solchen ganz unentziehbarer Vermögensbestandtheil dieses Dritten wird. Das Gleiche gilt von Lämmern, welche ebenfalls, wenn sie durch Veräußerung an einen Dritten consumirt werden („si consumpti sint"), ebenso ein unentziehbarer Vermögensbestandtheil dieses dritten Erwerbers werden, wie sie durch solche und andere Art der Consumtion unentziehbarer Vermögensbestandtheil des (ihren Werth) lucrirenden) b. f. possessor der Mutterschafe selbst werden.[2])

---

wenn er sie nicht in die Heerde einstellte) vor; dagegen aber Huschke im Arch. f. cib. Prax., Bd. 63 S. 448 flg.

[1]) So Köppen, Fruchterw. des b. f. p., S. 79 und Anm. 181a, Huschke, l. c., S. 451. Anders Windscheid, l. c., S. 88, Göppert, l. c., S. 217, Jhering, l. c., S. 832.

[2]) Andere Erklärungsversuche finden sich unter Anb. bei Glück, Comment.,

Während nun mehrere Anhänger der Eigenthumstheorie[1]) die Worte „nec (usucapi) debet" schlechthin im Sinne von nec potest nehmen, also sagen: die Usucapion der Wolle darf nicht stattfinden, ist unmöglich, glauben wir, dem Wortlaut der Stelle mehr gerecht zu werden, wenn wir mit Anderen[2]) annehmen, daß damit gesagt sein soll: die Usucapion braucht nicht stattzufinden, ist unnöthig (und allerdings zugleich auch, sie ist unmöglich), nämlich wegen des besonderen Fruchtrechts, auf Grund dessen der b. f. possessor der Hauptsache, und erstreckt der dritte Erwerber der Früchte, sogleich Eigenthümer der letzteren wird.

Wie aber die Stelle besagen soll, daß trotz des sogleich erworbenen Eigenthums noch eine Usucapion der Lämmer (mit der unerhörten Wirkung einer Befreiung von der obligatorischen Restitutionspflicht) möglich sei, ist nicht einzusehen.

III. Etwas ganz Analoges gilt von der nachfolgenden, früher in anderem Zusammenhange zum Theil schon besprochenen

L. 48 § 5 D. de furt. 47, 2 (Ulpianus):

„Ancilla si subripiatur praegnas vel apud furem concepit, partus furtivus est, sive apud furem edatur sive apud bonae fidei possessorem (sed in hoc posteriore casu furti actio cessat). sed si concepit apud bonae fidei possessorem ibique pepererit, eveniet, ut partus furtivus non sit, verum etiam usucapi possit. idem et in pecudibus servandum est et in fetu eorum, quod in partu."

§ 6 eod.: „Ex furtivis equis nati statim ad bonae fidei emptorem pertinebunt, merito quia in fructu numerantur: at partus ancillae non numeratur in fructu."

Um den unbequemen Satz, daß der fetus pecudum solle er-

Bd. 8 S. 281, Böcking, Pand. § 151 A. 23, Puchta, Instit., § 242 not. rr, Unterholzner, im Arch. f. civ. Prax., Bd. 8 S. 317 und 344, Zimmern, im rhein. Mus. f. Jurispr., Bd. 3 Nr. 19 A. 103, Pagenstecher, Lehre vom Eigenth., Th. II S. 109, Göppert, l. c., S. 217, 330 u. 363, Huschke, im Arch. f. civ. Pr., Bd. 63 S. 452, und in der Tüb. Ztschr., Bd. 20 S. 211.

1) Heimbach, Lehre v. d. Frucht, S. 314, Ihering, l. c., S. 332, u. A m.

2) Backe, diss. cit., p. 37, Bangerow, Pand., § 326 Anm. 2 Nr. 2 c, u. A. m.

seſſen werden können, zu beſeitigen, haben mehrere Schriftſteller[1]) ſich zu der, aber weder grammatiſch, noch logiſch zu rechtfertigenden[2]) Annahme veranlaßt geſehen, daß „idem servandum est" nur auf „furtivus non sit", nicht auch auf „usucapi possit" zu beziehen ſei, eine Annahme, die in der That aber zu der Frage berechtigt: „welche andere Bedeutung hat denn hier die Nichtfurtivität, als eben die, daß erſeſſen werden kann?"[3])

Dieſem Einwande entgeht eine andere Anſicht,[4]) welche das idem nur darauf bezieht, daß wegen beim Dieb concipirter, beim b. f. possessor geborener Thierjungen „die actio furti ebenſo wenig ein= tritt, wie (in gleichem Falle) wegen Sklavenkinder." Dieſe Anſicht wird damit motivirt, daß die actio furti das Hauptthema Ulpian's ſei. Dieſes möchte aber nicht zutreffend ſein. Die actio furti iſt wol Hauptthema des Digeſtentitels, unter welchen unſere Stelle darum, weil auch in ihr von der actio furti geſprochen wird, ge= ſtellt iſt; aber Hauptthema Ulpian's in unſerer Stelle iſt die actio furti nicht, wird von ihm vielmehr nur in parenthesi behandelt. Wenn aber die actio furti nicht einmal Hauptthema der Stelle iſt, ſo geht es ganz gewiß nicht an, das idem auf jenen in der Mitte der Stelle ſtehenden, den eigentlichen Gedankengang ſogar unter= brechenden Satz, welcher von der actio furti handelt, zu beziehen.[5])

Auch noch in anderer Weiſe hat man ſich zu helfen geſucht.[6])

Es iſt aber ganz unbedenklich, den Satz „idem servandum est" einfach auf den ganzen vorhergehenden Inhalt der Stelle zu be= ziehen. Danach alſo iſt die Erſitzung von ſolchen Thierjungen, welche während der Delictszeit im Mutterleibe waren, ausgeſchloſſen, von ſolchen dagegen, welche bei einem b. f. possessor concipirt ſind, möglich, aber, wohlgemerkt, auch nur an ſich, d. h. wenn das Frucht= recht des redlichen Beſitzers nicht exiſtiren würde, möglich; denn

---

1) Pulvaeus, ad leg. Atin., cap. XI i. f., in Ottonis thes. iur. Rom. p. 837: „... idem servandum est ... ut videlicet furtiva non sit," Vangerow, Pand., Bd. I S. 386 oben, Sell, bingl. Rechte, S. 75, Böcking, Pand., § 147 A. 47.
2) Marezoll, l. c, S. 221, 222.
3) Windſcheid, Pand., § 186 A. 14.
4) Dernburg, Pfandr., § 58 A. 19.
5) Göppert, l. c., S. 215 A. 59.
6) Siehe die Anführungen bei Göppert, eod.

dieses sogleich Eigenthum an ihnen gewährende Fruchtrecht läßt eine Ersitzung weiter gar nicht aufkommen.

Auf letztgenannte Thatsache macht Ulpian sogleich im § 6 aufmerksam, welcher in unmittelbarem Zusammenhang mit dem § 5 steht, wie man auf den ersten Blick (besonders aus den Schlußworten: „at partus ancillae non numeratur in fructu") erkennt. Wenn der Jurist nun aber in unmittelbarem Anschluß an die Lehre von der Ersitzung der Erzeugnisse vom Fruchtrecht des redlichen Besitzers spricht, so kann er damit nur bezwecken wollen, das Verhältniß dieses Fruchtrechts zur Ersitzung gutgläubig percipirter Früchte klar zu machen. Er thut dieses einfach so, indem er an den Satz erinnert, daß der gutgläubige Besitzer sofort mit der Separation Eigenthümer der Früchte[1]) wird. Hätte der Jurist geglaubt, daß trotz dieses sofort schon erworbenen Eigenthums abnormerweise noch eine

---

1) Im § 6 ist zwar nicht von Früchten im Allgemeinen, sondern nur von Füllen die Rede. Damit soll aber nur ein concretes Beispiel gegeben sein; es ist u. E. nicht richtig, daraus für Füllen ein Ausnahmerecht im Vergleich zu anderen Früchten zu folgern. — Für die Annahme eines Unterschiedes zwischen Füllen und anderen Thierjungen · wozu der Wechsel in der Exemplification im § 5 und 6 verleiten könnte, indem am Ende des § 5 von fetus pecudum, im § 6 von ex equis nati die Rede ist — läßt sich, wenigstens vom Standpunkt der herrschenden Lehre, auch nicht ein Schein von Grund anführen. — Wir können es aber auch nicht billigen, wenn Huschke (im Arch. f. civ. Pr., Bd. 63 S. 455 flg., bes. S. 458) überhaupt zwischen Thierjungen und anderen Früchten unterschieden wissen will. Mag eine solche Unterscheidung auch in der Natur der Sache einigermaßen begründet sein (siehe den von Huschke angeführten inneren Grund oben S. 36 A. 5), so scheint sie uns doch in den Quellen kein hinreichendes Fundament zu besitzen. Denn wenn es auch gerade in den beiden Stellen, in welchen von dem an Thierjungen bestehenden Fruchtrecht die Rede ist, nämlich in der L. 48 § 6 D. de furt. 47,2 und L. 48 § 2 D. de A. R. D. 41,1, heißt: „pertinent ad b. f. possessorem," dagegen von sonstigen Früchten regelmäßig: „eius fiunt," „suos facit" und dgl.: so kann darin doch nur eine zufällige, nicht eine „absichtliche" Variation erblickt werden. Denn alle diese Wendungen sind gleich allgemein und können daher von Paulus unmöglich als Gegensätze verwendet worden sein. (Mit „eius fiunt" u. dgl. soll nämlich, nach Huschke, Eigenthum gemeint sein, mit „pertinent ad eum" dagegen „das Recht des b. f. possessor, die Früchte nicht bloß auch b. f. besitzen und usucapiren und publicianisch ihrethalben klagen, sondern auch durch Consumtion mittelst Verkaufs sich den Gewinn aus ihnen völlig sichern zu können.) Hätte Paulus in der L. 48 § 2 von den Thierjungen etwas Besonderes sagen wollen, so hätte er nicht nur andere, die Gegensätze schärfer hervorhebende Wendungen leicht

Ersitzung der Früchte möglich ist, so hätte er solches ganz gewiß ausdrücklich bemerkt. Da er dieses aber unterläßt, so bleibt nur die Annahme möglich, daß er die Consequenz aus jenem Satze ganz normal gezogen, d. h. die Unnöthigkeit und Unmöglichkeit einer Ersitzung gutgläubig percipirter Früchte gefolgert wissen will.

Somit gilt von der L. 48 § 5, 6 ganz dasselbe, wie von der zuvor besprochenen L. 4 § 19: Die Möglichkeit einer Ersitzung von Thierjungen, welche bei einem b. f. possessor geworfen sind, wird an sich nicht geleugnet; nur wird diese Möglichkeit der Ersitzung für eine, in dem regelmäßig eintretenden Fall der Collision mit dem Fruchtrecht[1]) gegenstandlose erklärt.

IV. Sonst ist uns keine Stelle bekannt, welche für die Statthaftigkeit der Usucapion angeführt wird oder werden könnte. Wenigstens die L. 2 i. f. D. pro suo 41, 10[2]) spricht nicht von usucapio, sondern nur von possessio pro suo.[3])

Und somit können wir entschieden bei dem, aus der Natur des Fruchtrechts des redlichen Besitzers sich von selbst ergebenden Satze stehen bleiben, daß die von ihm separirten Früchte nicht noch ersessen werden können.

---

finden können, sondern vor Allem würde er den von den Thierjungen handelnden Satz mit dem vorhergehenden und dem nachfolgenden, in welchen nur von anderen Früchten die Rede ist, ohne Frage doch wenigstens durch adversative Partikeln, und nicht immer durch et, verbunden haben.

1) Den einzigen Fall, in welchem die Ersitzungsmöglichkeit mit dem Fruchtrecht nicht collibirt, werden wir sogleich im § 9 Nr. I sehen.

2) L. 2 D. pro suo 41,10 (Paulus): „Est species possessionis. quae vocatur pro suo. hoc enim modo possidemus omnia, quae mari terra caelo capimus aut quae alluvione nostra fiunt. item quae ex rebus alieno nomine possessis nata possidemus, veluti partum emptae ... ancillae, pro nostro possidemus: similiter fructus rei emptae aut donatae."

3) Die Stelle spricht nicht von Fällen möglicher Usucapion, sondern nur von Eigenthums-Erwerbsfällen (so auch Unterholzner, Verjährungsl., Bd. I S. 345, Böcking, Pand., § 146, Bangerow, Pand., Bd. I S. 625, Heimbach, Lehre v. d. Frucht, S. 313).

§ 9.

3. Giebt es trotz des Fehlens positiver Gesetzesstellen doch Fälle, in welchen eine Ersitzung der bei einem gutgläubigen Besitzer der Hauptsache separirten Früchte möglich ist; und nach welchen Grundsätzen bestimmt sich die Ersitzbarkeit dieser Früchte?

I. Obwohl eine Ersitzung von bona fide percipirten Früchten wegen des sofort daran erworbenen Eigenthums, wie wir sahen, regelmäßig nicht mehr denkbar und auch nicht in positiven Gesetzesstellen für singulärerweise statthaft erklärt ist: so giebt es doch einen — aber, soviel wir wissen, auch nur einen — Fall, in welchem die von einem redlichen Besitzer separirten Früchte ersessen werden können, resp. müssen.

Wenn nämlich die Früchte einer gestohlenen Sache beim gutgläubigen Erben des Diebes separirt werden, so tritt das Fruchtrecht des redlichen Besitzers hier ausnahmsweise darum nicht in Kraft, weil der Erbe, wenn er auch selbst gutgläubig ist, als vitiorum defuncti successor[1]) für seine Person als schlechtgläubig gilt (indem ihm eben die mala fides des Erblassers schadet), sodaß er also die bei ihm separirten Früchte doch nicht zu Eigenthum erwirbt. Aus gleichem Grunde ist er selbst allerdings auch nicht in der Lage, die Früchte zu ersitzen,[2]) wohl aber derjenige gutgläubige Dritte, welcher sie von ihm erwirbt: genau so, wie (oben § 4 no. II 1) das bei einem gutgläubigen Erben des Diebes einer Sklavin concipirte und geborene Kind derselben erst von Seiten eines gutgläubigen dritten Erwerbers des Kindes ersessen werden kann.

II. Wenn wir einer Deduction Fitting's folgten, würden wir allerdings noch einen anderen Fall anzuführen wissen, in welchem die Früchte von bona fide erworbenen Sachen ersitzbar sind. Fitting[3]) leugnet nämlich, daß die hereditate iacente separirten Früchte einer vom Erblasser bona fide erworbenen Sache Eigenthum der hereditas und somit des antretenden Erben werden, und zwar darum,

---

1) L. 11 § 2 D. de publ. act. 6, 2.
2) Arg. L. 4 § 15 D. de usuc. 41, 3.
3) Fitting, im Arch. f. civ. Prax., Bd. 52 S. 276.

weil das Fruchtrecht nur für einen b. f. possessor der fruchttragenden Sache gelte, während die hereditas nicht „besitze".¹)

Allein dieser Grundsatz der Besitzunfähigkeit der hereditas ist nicht nur schon im römischen Recht nicht durchgeführt (denn die hereditas kann ja die vom Erblasser begonnene Ersitzung fortsetzen und vollenden,²) ja sogar eine Ersitzung beginnen, wenn nämlich ein Erbschaftssklave Sachen erwirbt)³) sondern heutzutage läßt man Besitzerwerb für die Erbschaft selbst durch den curator hereditatis,⁴) ja sogar durch den Testamentsexecutor⁵) zu.

Aber auch wenn die hereditas keinen Besitz hätte, würde sie doch Eigenthümerin der Früchte werden.

Denn der b. f. possessor wird Eigenthümer der Früchte in seiner Eigenschaft als redlicher Erwerber der Hauptsache, nicht als redlicher Besitzer. Er erwirbt die Früchte auch wenn er den Besitz an der Hauptsache momentan verloren hat; sobaß er z. B., wenn seine Kuh sich verlaufen und die consuetudo revertendi verloren hat, das nachher geborene Kalb, ebenso wie die Kuh selbst, mit der Publiciana i. r. actio wird fordern können, es sei denn, daß die Geburt des Kalbes bei einem gutgläubigen Erwerber der Kuh stattfand, welcher ja an ihm Eigenthum erwirbt, und welchem gegenüber der bloß publicianische Besitzer auf Grund seines Fruchtrechts allerdings nichts auszurichten vermag.

Es kommt also hier weiter gar nichts darauf an, ob die hereditas zu besitzen vermag; durch die bloße Separation der Früchte wird sie Eigenthümerin derselben.

Manche Schriftsteller sprechen nun freilich, wenngleich mit Unrecht,⁶) der Erbschaft die Fähigkeit, Eigenthum zu erwerben, ab. Nun, dann wird der Erbe jedenfalls durch Acquisition der Erbschaft, weil er damit ganz in die Rechtsstellung des Erblassers — sowohl die, welche dieser hatte, als auch die, welche er im Falle längeren Lebens

---
1) L. 1 § 15 D. si is qui test. 47, 4: „... possessionem hereditas non habet."
2) L. 31 § 5 D. de usuc. 41, 3, L. 30 pr. quib. ex caus. maior. 4, 6.
3) Arg. L. 44 § 3 D. de usuc. 41, 3.
4) Arndts, Pand., § 465 A. 2.
5) Seuffert's Archiv, Bd. XIV. S. 102.
6) Vgl. Arndts, Pand., § 465.

gehabt hätte — eintritt, Eigenthümer der inzwischen separirten Früchte werden, sodaß von einer Ersitzung keine Rede mehr sein kann. —

III. Es wird nun noch kurz zu erörtern sein, welche Grundsätze in jenem einzigen Fall — daß nämlich beim gutgläubigen Erben des Diebes Früchte von der gestohlenen Sache separirt, und dieselben dann von ihm an einen gutgläubigen Dritten veräußert werden — für die Ersitzung dieser Früchte seitens des Dritten maßgebend sind.

Wir müssen unterscheiden zwischen den fetus pecudum und sonstigen Früchten.

1. Von den fetus pecudum gilt hinsichtlich der Ersitzbarkeit genau dasselbe, wie von den partus ancillarum (oben §§ 2—5). Also die während der Delictszeit concipirten fetus sind unersitzbar, dahingegen die bei einem gutgläubigen Erwerber der gestohlenen Mutterthiere concipirten und geborenen ersitzbar; und auch hinsichtlich der mala fides superveniens gelten genau dieselben Grundsätze, wie bei den partus.

Die Gleichstellung von fetus und partus findet sich ausgesprochen in der uns schon bekannten L. 48 § 5 D. de furt. 47, 2 von Ulpian, wo zunächst die Frage behandelt wird, ob der beim Diebe, darauf, ob der bei einem b. f. possessor concipirte partus ancillae ersitzbar ist, und schließlich gesagt wird:

„idem et in pecudibus servandum est et in fetu eorum, quod in partu "

Die Gleichstellung ergiebt sich auch aus der uns gleichfalls schon wohlbekannten

L. 10 § 2 D. de usuc. 41, 3 (Ulpianus):

„Scaevola scribit . . . Marcellum existimasse, si bos apud furem concepit . . . usucapi ab herede distractum iuvencum non posse: sic, inquit, quemadmodum nec ancillae partus. Scaevola autem scribit se putare usucapere posse (emptorem) et partum."

Von einigen Schriftstellern wird jedoch die Gleichstellung von fetus und partus hinsichtlich der Ersitzbarkeit geleugnet.¹) Dafür werden vornehmlich die folgenden Gründe angeführt:

a) Der Satz, daß das Kind im Mutterleibe dem geborenen gleichstehe ²) — durch welchen Satz allein sich die Furtivität des beim Diebe bloß concipirten partus solle erklären lassen — gelte nicht auch vom fetus pecudum.³) Allein wir werden im folgenden Paragraphen auf einen anderen, für partus und fetus gleichmäßig passenden Grund zu sprechen kommen, durch welchen die unter Umständen eintretende Furtivität des fetus eines gestohlenen Thieres ganz befriedigend erklärt wird.

b) Die angeführte L. 48 § 5 soll nicht beweisend sein. Der Satz „idem servandum est ..." soll unrichtig, und durch ein einzuschiebendes non zu emendiren sein;⁴) dem widerstreitet aber der Text der Florentina. Oder jener Satz soll interrogativ gemeint sein;⁵) allein dann müßte das Fehlen eines num gerade hier, wo der Jurist die Frage aufwerfen würde, um sie sogleich verneinend zu beantworten, als eine grammatische Unmöglichkeit erscheinen. Nach anderer Auffassung⁶) bleibt jener Satz zwar intact, bezieht sich aber gar nicht auf die Furtivität und Unersitzbarkeit, sondern nur auf die actio furti, von welcher in der Stelle, angeblich, deren Hauptthema bildend, die Rede ist; die Unmöglichkeit dieser Beziehung haben wir aber oben (Seite 44) schon nachzuweisen gesucht.

c) Die Verschiedenheit zwischen fetus und partus soll sich ergeben aus

L 48 § 2 D. de A. R. D. 41,1 (Paulus):

„Et ovium fetus in fructu sunt, et ideo ad b. f. emptorem pertinent, etiamsi praegnates venierint vel surreptae sint."

Man deducirt:⁷) weil es hier heißt, daß die schon während der

---

1) Besonders von Altamiranus, in der im § 2 citirten Abhandlg., § 4, Donellus, comm. de iure civ. l. VI c. XXVI, Böcking, Pand., Bb. II S. 80 flg., Dernburg, Pfandr., Bb. I S. 448.
2) L. L. 7. 26 D. de statu hom. 1,5, L. 231 D. de V. S. 50,16.
3) Dernburg, l. c.
4) Donellus, l. c. § 7.
5) Connanus, comment. iur. civ., l. III c. XXV. no. 3; seine Ansicht wird eventuell gebilligt von Donellus, l. c.
6) Dernburg, l. c. A. 19.
7) Donellus, l. c. § 2.

Delictszeit im Mutterleibe befindlichen Thierjungen dem Fruchtrecht des redlichen Besitzers doch unterworfen sind, so können sie eben nicht furtiv sein.

Allein man übersieht, daß das Fruchtrecht des redlichen Besitzers und die Usucapion ganz unabhängig von einander sind, indem das Fruchtrecht auch an unersitzbaren, und andererseits die Usucapion auch an solchen Sachen stattfindet, an welchen kein Fruchtrecht (mehr) besteht.

Diese Unabhängigkeit von Fruchtrecht und Usucapion wird uns im principium und § 1 der citirten L. 48 D. de A. R. D. 41, 1 [1]) exemplificirt.

Im Eingange der Stelle lesen wir, daß der redliche Besitzer auch die Früchte solcher Sachen zu Eigenthum erwirbt, welche der Usucapion entzogen sind, wie z. B. Früchte einer res pupilli oder einer res vi possessa.

Demnächst erfahren wir im § 1, daß unter Umständen an Sachen, welche ersessen werden können, kein Fruchtrecht besteht; wenn z. B. Jemand eine fremde Sache bona fide erwarb, so kann er sie selbst trotz etwa eintretender mala fides schließlich ersitzen, während das Fruchtrecht alsdann sofort cessirt.

Nachdem nun noch wiederholt ist, daß das Fruchtrecht auch an unersitzbaren Sachen besteht, wird zuletzt in unserem § 2 bemerkt, daß die Jungen solcher gestohlener Schafe, welche tragend vom Dieb veräußert werden, dem Fruchtrecht unterliegen.

Wozu erwähnt der Jurist dieses letzte Beispiel? Eben weil die genannten Lämmer, ebenso wie Sklavenkinder in gleichem Falle, furtiv sind, und man leicht zu der Meinung verleitet werden könnte, daß sie darum dem Fruchtrecht des redlichen Besitzers nicht unter-

---

1) L. 48 D. de A. R. D. 41,1: „Bonae fidei emptor non dubie percipiendo fructus etiam ex aliena re suos interim facit ..., quia quod ad fructus attinet, loco domini paene est ...; nec interest, ea res, quam bona fide emi, longo tempore capi possit nec ne, veluti si pupilli sit aut vi possessa ... § 1. In contrarium quaeritur, si eo tempore, quo mihi res traditur, putem vendentis esse, deinde cognovero, alienam esse, quia perseverat per longum tempus capio, an fructus meos faciam. Pomponius verendum, ne non sit bonae fidei possessor, quamvis capiat ... nec contrarium est, quod longum tempus currit, nam e contrario is, qui non potest capere propter rei vitium, fructus suos facit."

worfen sind. Somit darf man aus dem Umstande, daß der Jurist die beim Diebe concipirten Lämmer als dem Fruchtrecht unterliegend speciell bezeichnet, nicht etwa folgern, daß sie nicht furtiv sind, sondern muß, wie sich aus dem Zusammenhang der ganzen L. 48 ergiebt, umgekehrt folgern, daß sie furtiv sind.

Demnach beweist die L. 48 § 2 nicht eine Verschiedenheit von fetus und partus in Bezug auf die Furtivität, sondern umgekehrt gerade ihre Gleichheit.

d) Eigenthümlich ist die Ansicht von Göppert.[1]) Danach besteht zwar zwischen fetus und partus ein principieller Gegensatz nicht, sodaß consequent auch der während der Delictszeit bloß concipirte fetus, ebenso wie der partus, doch für unersitzbar zu halten wäre. Aber, meint Göppert, diese Consequenz werde durch das Fruchtrecht des redlichen Besitzers durchkreuzt; denn wer im Stande sei, durch Veräußerung der Frucht sofort Eigenthum, oder genauer: unentziehbares Besitzrecht, zu übertragen, der könne unmöglich gehindert werden, später selbst (nämlich durch Usucapion) Eigenthum daran zu erwerben: und daher bleibe nichts übrig, als an den Producten, welche in fructu sind, wenn sie apud b. f. emptorem separirt würden, das etwaige vitium furti cessiren zu lassen. Zu solcher Deduction und Concession ist Göppert bei seiner Auffassung des Fruchtrechts — wonach dasselbe in Consumtions- und Usucapionsbefugniß besteht — allerdings genöthigt. Für denjenigen, der auf dem Standpunkte der Theorie steht, wonach der redliche Besitzer sogleich volles Eigenthum an den Früchten erwirbt, liegt kein Grund vor, von der Consequenz abzuweichen; denn ein Eigenthumserwerb läßt sich auch an unersitzbaren Früchten denken. Und darin, daß die Früchte, die unersitzbar sind, doch sogleich zu Eigenthum erworben werden können, wird man bei der auf besonderer ratio beruhenden Singularität des Fruchtrechts des redlichen Besitzers nichts Auffallendes finden dürfen. Dafür giebt es, wenigstens im heutigen Recht, Analoga; so z. B. wer von einem Kaufmann in dessen Handelsbetriebe Sachen (welche nicht gestohlen oder verloren sind) in gutem Glauben kauft und tradirt erhält, erwirbt an ihnen auf Grund des Art. 306 HGB.'s unbedingt Eigenthum, mögen sie auch unersitzbar sein, wie es z. B.

---

1) Göppert, organ. Erzeugn., S. 214—216.

Sachen Minderjähriger während der Minderjährigkeit sind.¹) Fruchtrechts- und Ersitzungsfrage können und müssen wir daher durchaus geschieden halten (s. S. 51 Anm. 1), sobaß das Fruchtrecht nicht von der Ersitzbarkeit abhängt, aber diese auch nicht durch jenes beeinflußt wird. Wo ein Fruchtrecht nicht besteht — wie in jenem Falle, von welchem wir in diesem Paragraphen hauptsächlich handeln — da treten die Grundsätze über die Ersitzbarkeit mit voller Consequenz in Kraft.

2. Das hier Erörterte gilt aber allerdings auch nur von Thierjungen. Hinsichtlich anderer Früchte sehen auch wir uns zu einer Concession genöthigt. Die strenge Consequenz würde zwar für diese eben dasselbe fordern, wie für fetus und partus, sobaß also z. B. die Wolle, welche ein Schaf schon trug, als es noch beim Diebe war, wenn sie auch erst bei einem gutgläubigen Erwerber des Schafes geschoren wird, unersitzbar ist, ebenso wie der beim Diebe concipirte partus und fetus. Diese strenge Consequenz scheint übrigens Paulus, wenngleich unbewußt, auch vorgeschwebt zu haben, wenn er in L. 48 § 2 D. de A. R. D. 41,1 — nachdem er dort gesagt hat, daß die beim Diebe concipirten Lämmer, trotzdem sie eigentlich furtiv sind, dem Fruchtrecht des redlichen Besitzers doch unterliegen — fortfährt:
„Et sane, quin lac suum faciat (scil. bonae fidei emptor ovium, überhaupt pecudum), quamvis plenis uberibus venerint, dubitari non potest, idemque in lana iuris est."

Wie wunderlich würde sich diese strenge Consequenz aber in der Praxis ausnehmen?²) Vor Allem würde die schwierige Frage entstehen: ist bloß die erste Schur furtiv,³) oder sind es auch noch einige der folgenden Schuren, und wie viele?

Diesen Schwierigkeiten sind die römischen Juristen mit praktischem Takt aus dem Wege gegangen, indem sie nur den Zeitpunkt der Separation als den für die Furtivität solcher Früchte ent-

---

1) Arg. L. 5 C. in quib. caus. i. i. r. 2,41. Windscheid, Pand., § 182 A. 11.
2) Vgl. Schirmer, Grundidee der Usuc., S. 140.
3) Dieses wird angenommen von Göppert, S. 215 und S. 149, jedoch schwerlich „ohne Willkür."

scheidenden hinstellten. Dieses wird man ohne Zwang folgern dürfen aus der schon einmal besprochenen

L. 4 § 19 D. de usuc. 41,3 (Paulus):

„Lana ovium furtivarum si quidem apud furem detonsa est, usucapi non potest, si vero apud bonae fidei emptorem, contra ...."

Denn wenn nicht bloß die beim Diebe geschorene, sondern auch schon die bei ihm vom Schafe getragene und erst bei einem gutgläubigen Dritten geschorene Wolle furtiv wäre, so würde der Jurist dieses gerade in der L. 4 (in welcher er, laut des principium, die Frage, welche Sachen res habiles sind, so recht ex professo behandeln will) nicht unerwähnt gelassen haben.[1])

Demnach werden wir anzunehmen haben, daß die Jungen gestohlener Thiere schon dann unersitzbar sind, wenn sie während der Delictszeit auch nur im Mutterleibe waren, dahingegen sonstige Früchte gestohlener Sachen nur dann, wenn sie beim fur separirt wurden.

Drittes Capitel

§ 10.

Welches Princip liegt den verschiedenen Fällen der Unersitzbarkeit resp. Ersitzbarkeit von Erzeugnissen gestohlener Sachen zu Grunde?

Durch ein Labyrinth von streitigen Pandektenstellen und zweifelhaften Lehren haben wir uns zu folgenden Resultaten hindurchgearbeitet:

---

1) So auch Schirmer, l. c. S. 132.

1) Das während der Delictszeit im Mutterleibe befindliche Kind einer gestohlenen Sklavin (d. h. dasjenige, welches entweder zur Zeit des verübten Diebstahls schon concipirt war, oder erst beim Dieb concipirt wurde) ist stets unersitzbar, bei wem auch immer es geboren werden mag (§§ 2 und 3).

2) Das bei einem Besitzer der gestohlenen Sklavin, welcher nicht für derselben ist, concipirte Kind ist objectiv ersitzbar (in 2 Fällen jedoch subjectiv unersitzbar) — vorausgesetzt aber, daß zur Zeit der Geburt guter Glaube vorhanden ist (§§ 4 und 5).

3) Die mala fide percipirten „Früchte" gestohlener Sachen sind unersitzbar (§ 6).

4) Von einer Ersitzung bona fide percipirter Früchte kann wegen des Fruchtrechts des redlichen Besitzers in der Regel keine Rede sein (§§ 7 und 8), nur in einem einzigen Falle. Für die Ersitzbarkeit von Thierjungen gilt genau dasselbe, wie für die von Sklavenkindern, kommt also nicht bloß der Zeitpunkt der Geburt, sondern auch schon der ihrer Entstehung (nämlich ihrer Conception), für die Ersitzbarkeit anderer Früchte hingegen aus praktischen Gründen nur der Zeitpunkt ihrer Separation in Betracht. —

Es erübrigt, das Princip aufzufinden, welches den verschiedenen Fällen der Unersitzbarkeit resp. Ersitzbarkeit von Erzeugnissen furtiver Sachen wohl zu Grunde liegt.

Von mehreren Seiten sind gleiche Versuche gemacht worden.

Schirmer[1]) stellt folgendes Princip auf: „Es kommt an auf die Umstände, unter denen die Erzeugung geschieht: erfolgt diese in fortdauernder Uebereinstimmung mit den Gesetzen des vermögensrechtlichen Verkehrs, d. h. aus einer bona fide in Besitz genommenen und noch jetzt ohne Kenntniß von dem Diebstahl besessenen Sache, so sind auch die Erzeugnisse entwendeter Sachen der Ersitzung unterworfen. Als Augenblick der Erzeugung gilt für Sklavenkinder und Thierjunge der der Conception, für andere Früchte der der Separation." Dagegen bemerkt Göppert[2]) treffend, daß der natürliche

---

[1] Schirmer, zu Unterholzner, Verjährungsl., Bd. I S. 216, ders., Grundbee der Usuc., bes. S. 129, 136, 138 und 140.

[2] Göppert, organ. Erzeugn., S. 200.

Vorgang der Erzeugung den Gesetzen des vermögensrechtlichen Verkehrs nie widersprechen könnte, sondern nur die Art der Aneignung der Früchte. Da demnach in Schirmer's Princip der Grund der Unersitzbarkeit resp. Ersitzbarkeit fehlt, so sinkt es herab zu einer einfachen Zusammenfassung der einzelnen Fälle: es nennt nur das „Wann," nicht das „Warum."

Ein anderes, sehr beliebtes Princip ist, daß die Erzeugnisse nur dann furtiv seien, wenn ihre Perception sich selbst als ein furtum darstellt, und daß die Behandlung des partus und fetus — welche schon dann furtiv sind, wenn sie nur während der Besitzeszeit des fur im Mutterleibe waren — eine ausnahmsweise sei.[1] Aber es ist richtig, was Göppert (S. 204) auch hiergegen bemerkt: daß der angeblichen Regel „durch ihre sog. Ausnahme beim partus und fetus gerade die einzigen Fälle entzogen würden, bei welchen sie praktische Bedeutung erhalten könnte," weil ja andere Erzeugnisse fast nie die dreijährige Ersitzungszeit hindurch besessen würden, ohne auf irgend eine Weise, sei es durch Verzehren oder Veräußern, consumirt zu sein. Außerdem aber wird auch von keiner Seite eine Rechtfertigung der angeblichen Ausnahme versucht.

Auch noch andere Ansichten sind aufgestellt worden.[2]

Die folgende Betrachtung scheint uns zu einer haltbaren Theorie zu führen.

Mag man von der Theorie ausgehen, wonach das Erzeugniß nach der Trennung als neue Sache aufzufassen ist („Neuschöpfungstheorie"),[3] oder von der, wonach nur als Substanztheil der Muttersache („Theiltheorie"),[4] jedenfalls steht es fest, daß, wenigstens nach

---

1) Unterholzner, Verjährungsl., § 67 S. 216, Bangerow, Pand., § 317 B 4 S. 586, Böcking, Pand., § 145d, Schmid, Handb. des gemeinen R.'s, § 14 A. 21 S. 201, Sell, bingl. Rechte, § 32 a. E. S. 171, u. A. m.

2) Huschke, in b. Ztschr. f. Civilr., A. F. Bd. 20 S. 267, Francke, im Arch. f. civ. Prax., Bd. 30 S. 166, Dernburg, Pfandr., Bd. I S. 445. Mit den Ansichten dieser Schriftsteller beschäftigt sich ebenfalls Göppert, l. c., S. 201.

3) Windscheid, Pand., § 144, Bangerow, Pand., § 326 Anm. 1, Dernburg, l. c., S. 445, Köppen, Fruchterw. des b. f. p., S. 3 und 81, u. A. m.

4) Savigny, Recht des Bes., S. 276, Göppert, organ. Erzeugn., bes. Abschn. 2, Eck, in Behrend's Ztschr. f. Gesetzgebg., Bd. 5 S. 764, und in v. Holtzendorff's Rechtslex. s. v. Frucht.

der Auffassung der späteren Juristen,¹) die etwaige Furtivität der Muttersache nicht ohne Weiteres sich auf den partus vererbt; dies ist, nach unserer obigen Ausführung (§ 3 Nr. III), der Kern des Scävola'schen Satzes „partum non esse partem rei furtivae". Darum also ist z. B. der bei einem bonae fidei possessor einer gestohlenen Sklavin concipirte und geborene partus nicht furtiv, also ersitzbar.

Wie nun aber sollen wir es uns erklären, daß z. B. die beim für concipirten partus oder fetus, wenngleich sie bei einem bonae fidei possessor geboren wurden, doch furtiv sind? Hierfür bleiben die Seite 56 A. 1 genannten Schriftsteller den Grund schuldig; wenigstens paßt der von Einigen²) angeführte Satz: „nasciturus pro iam nato habetur" doch nur für den partus. Jene Thatsache läßt sich, wie wir glauben, nur so erklären: an dem Embryo wird, zwar nicht als an einer werdenden Sache, aber als Theil der Mutter ein furtum verübt: ebenso wie nun das an einer Sache begangene furtum sich auf alle Theile derselben erstreckt und dieselben furtiv macht, so wird durch das an der schwangeren Mutter verübte furtum ein solches auch an ihrer Leibesfrucht verübt;³) und ein Gleiches findet statt bei dem beim Diebe selbst concipirten Embryo, weil „der Besitz des Diebes als permanentes Delict gilt."⁴) Wenn nun der partus (oder fetus) zur Welt kommt, so haftet der ihm als ursprünglichem Theil der Mutter (als pars viscerum matris)⁵) aufgedrückte Stempel der Furtivität auch nachher an.⁶)

---

1) Die älteren (Sabinus und Cassius, L. 4 § 16, 17 D. de usuc. 41,3) scheinen in der That unbedingten Uebergang des vitium furti angenommen zu haben; vgl. Göppert, l. c. S. 205 flg.

2) Dernburg, l. c., Majansius, disput. iuris, tom. II disput. 67 § 1 i. f.

3) Vgl. schon Donellus, comm., l. V c. XXV § 2: „Ut qui saccum nummarium furti faciendi causa contrectat, intellegitur totum contrectare et saccum et nummos, qui sunt in sacco, eorumque furtum facere (L. 77 D. de furt 47,2): ita et qui ancillam contrectat fraudulose, is omnes partes ancillae contrectare et furari intellegendus est; proinde et partum conceptum: is enim viscerum matris portio est." Siehe auch Göppert, l. c. S. 213.

4) Göppert, l. c.

5) L. 1 § 1 D. de inspic. ventre 25,4.

6) Diejenigen Anhänger der „Neuschöpfungstheorie," die das Erzeugniß

Darum also ist der Embryo einer in schwangerem Zustande gestohlenen Sklavin, oder eines tragend gestohlenen Thieres, oder der beim Diebe concipirte Embryo derselben furtiv, dahingegen jeder Embryo, welcher nicht während der Delictszeit im Mutterleibe war, also auch der bei einem zur Zeit der Conception von dem furtum zwar wissenden, aber doch nicht als für anzusehenden Besitzer der Mutter (resp. des Mutterthieres) concipirte Embryo (oben § 5 Nr. I), wie vor Allem jeder bei einem b. f. possessor concipirte, nicht furtiv.

Das Gleiche, wie vom partus und fetus sollte nun eigentlich von allen Erzeugnissen gelten; d. h. wenn sie in irgend einem Stadium ihrer Entwicklung während der Zeit des an der fruchttragenden Sache verübten furtum existirten, so sollten auch sie furtiv sein. Die Ausnahme, welche für solche Früchte, die nicht Thierjunge sind, besteht, beruht denn auch (wie wir gegen Ende des vorigen Paragraphen sahen) nur auf praktischen Gründen.

Das für die verschiedenen Fälle der Unersitzbarkeit resp. Ersitzbarkeit von Erzeugnissen furtiver Sachen aufzustellende Princip wäre demnach, um es zu wiederholen, folgendes:

Principiell theilen die Erzeugnisse die Furtivität der Muttersache nicht, sondern sind furtiv und unersitzbar nur dann, wenn (und darum, weil) an ihnen — sei es als schon selbständigen Sachen, sei es als Theilen der Muttersache — ein besonderes furtum verübt worden ist. Eine Ausnahme besteht aus praktischen Gründen für solche „Früchte," welche nicht Thierjunge sind, insofern, als dieselben nur dann furtiv und unersitzbar sind, wenn an ihnen als selbständigen Sachen ein furtum verübt worden ist. —

als eine Sache ansehen, „welche als das, was sie jetzt ist, noch gar nicht existirt hat," die also das Leben der Frucht im Mutterleibe ganz ignoriren wollen, (Windscheid, Pand., 2. Aufl. § 186 A. 2., Köppen, Fruchterw. des b. f. p., S. 3 und 81), werden die Furtivität des beim Diebe concipirten partus, oder doch wenigstens des fetus, überhaupt nicht zu erklären wissen; und dieses möchte daher ein Argument gegen die Richtigkeit ihrer Auffassung der Frucht sein.

Quellen-Verzeichniß.

L. 26 D. de statu hominum 1,5 . . .	Seite	5, 50.
L. 11 § 2 D. de publ. act. 6,2 . . .	„	20.
L. 13 D. quib. mod. ususfr. amitt. 7,4.	„	38, 39.
L. 14 § 3 D. de in diem addict. 18,2 .	„	22.
L. 25 D. de usuris 22,1	„	38, 39.
L. 28 D. de usuris 22,1	„	3, 39.
L. 1 § 1 D. de inspic. ventre 25,4 . .	„	12, 57.
L. 48 pr. D. de acquir. rer. dom. 41,1.	„	38, 39, 51.
L. 48 § 1 D. de acquir. rer. dom. 41,1.	„	30, 50, 51.
L. 48 § 2 D. de acquir. rer. dom. 41,1.	„	50, 53.
L. 40 § 2 D. de acq. vel amitt. poss. 41,2.	„	31.
L. 4 pr. D. de usurp. et usuc. 41,3 . .	„	34, 54.
L. 4 § 5 D. de usurp. et usuc. 41,3 .	„	40.
L. 4 § 15 D. de usurp. et usuc. 41,3 .	„	18.
L. 4 § 16 D. de usurp. et usuc. 41,3 .	„	21, 57.
L. 4 § 17 D. de usurp. et usuc. 41,3 .	„	18, 57.
L. 4 § 18 D. de usurp. et usuc. 41,3 .	„	27, 30.
L. 4 § 19 D. de usurp. et usuc. 41,3 .	„	34, 41—43, 54.
L. 10 § 2 D. de usurp. et usuc. 41,3 .	„	6—17, 49.
L. 33 pr. D. de usurp. et usuc. 41,3 .	„	18, 26, 27, 29.
L. 44 § 2 D. de usurp. et usuc. 41,3 .	„	27—29.
L. 2 § 14 D. pro emptore 41,4 . . .	„	22.
L. L. 9. 10. D. pro emptore 41,4. . .	„	21.
L. 2 D. pro suo 41,10	„	46.
L. 4 pr. D. pro suo 41,10	„	30. [49, 50.
L. 48 § 5 D. de furtis 47, 2	„	5, 7—11, 18, 24, 43—46,
L. 48 § 6 D. de furtis 47, 2	„	39, 43—46.
L. 26 D. de verb. signif. 50, 16 . . .	„	9, 10.